CONFIDENT CONVERSATIONS

谈话显信心

[美] 布莱德 · 德哈文（Brad DeHaven）◎著
张新达 赖伟雄◎译

当代中国出版社
Contemporary China Publishing House

图书在版编目(CIP)数据

谈话显信心／（美）德哈文著；张新达，赖伟雄译.—北京：当代中国出版社，2007.10

ISBN 978-7-80170-645-4

Ⅰ. 谈… Ⅱ. ①德… ②张… ③赖… Ⅲ. 人间交往－语言艺术－通俗读物 Ⅳ. C912.1-49

中国版本图书馆 CIP 数据核字（2007）第 156773 号

版权贸易合同登记号 图字：01-2007-4682

出 版 人 周五一
责任编辑 古 古
装帧设计 思想工社
出版发行 当代中国出版社
地 址 北京市地安门西大街旌勇里 8 号
网 址 http:/www.ddzg.net 邮箱：ddzgcbs@sina.com
邮政编码 100009
编 辑 部 （010）66572152 66572154 66572155
市 场 部 （010）66572157 66572281 66111785
印 刷 北京市通州富达印刷厂
开 本 880 × 1230 毫米 1/32
印 张 5 印张 100 千字
版 次 2007 年 10 月第 1 版
印 次 2007 年 10 月第 1 次印刷
定 价 18.00 元

致　谢

没有其他人的热诚协助和付出，我不可能完成这本著作。

答谢以下各位：

我太太金的支持及编辑工作。

斯各特·麦克尔夫妇的榜样和诚信。

苏姗·哈百勒的激励。

感谢多年来和我结交的各位优秀的独立生意伙伴，让我能追求我的梦想，并发挥我的独特才干。

献　辞

此书特别献给数以千计的生意对象，他们提了很多宝贵的问题——有趣以及棘手的难题，似乎没有找到真正答案，因而错过了伟大的生意机会。

这书也特别献给数以千计的独立生意拥有者，他们竭尽所能，希望可以对这些棘手问题作出回应，却因无法找到一个简易的答案而显得缺乏信心。

希望从此你们永远得到装备！

目录
CONTENTS

第一部分　简介

第二部分　七个谈话原则

第三部分　世界上最杰出的“冷接触”专家

第四部分　38 个棘手疑问的简易问答

第五部分 21个谈话要诀

结语

第一部分 简介

CONFIDENT CONVERSATIONS

◎ 如何提升你的影响力

通过改善个人沟通技巧和增强影响力，你将会成为一位精英。阅读本书说明你已经走在成为精英的路上，对于你那份追求进步的承诺，我十分欣赏！当这个令人雀跃的新兴事业出现在你面前，成为最大和最成功的企业发展趋势时，你将会扮演其中重要的一个角色！

我已记不起我成为企业家的日子有多久了。我最成功的事业来自一个在家里运作的生意。起步时期，我只利用业余时间去发展，同时鼓励其他人一同发展这个生意。

那时，有很多人来到我面前，问我许多关于这个生意的疑问。经营这个生意，就是如此。我们这些独立生意拥有人（简称IBO，独立生意人）最艰难的工作，莫过于要在被质疑的时候作出适当的反应。但是，很多时候人们不懂如何对这些疑问作出正确的回答，以致错过了为自己创造财务保障的机会！

可以说，这些争取财务自由的独立生意人非常可惜，他们除了欠缺正确的反应以外，同时也欠缺沟通的技巧。他们所欠缺的，正是一些细微但富戏剧性的有效方法，如聆听、停顿、补充和示范等简易的谈话技巧。这些简单的技巧会帮助你建立融洽的气氛，使你更为自信和更值得信任。通过本书对这些技巧的介绍后，希望你能更好掌握这些技巧。

本书旨在为你们提供一个具有参考价值的知识库，假如你想成为一位伟大的沟通者，希望提升自己的社会影响力，此书可让你的沟通技巧获得提升，你必将心想事成。

◎ 这是一个关于教育的生意

当人们初步接触这个生意概念时，他们必定有许多疑问。假如他们完全没有提问的话，那就意味着他们根本不明白这个生意计划，甚至根本没有一点兴趣。提出疑问意味着推荐对象曾经想过你所提出的事情——其实是他有兴趣的真正信号。

试想一下：对方花了一个小时去了解一个价值百万的计划，当你问他们有任何问题时，他们却告诉你说没有问题，这才不妙。好的征兆应该是以下的疑问：

“订购了的产品是如何运送的？”

“我需要销售吗？”

“这是否是非法的金字塔？”

其实这些问题都是正面的。这些疑问的产生意味着机会的来临，以便你能进一步加深对话的层次，教育推荐对象。请记住：推荐对象没有责任去明白这个计划，而独立生意人却有责任去教育他们，并且让他们明白。

[推荐对象没有责任去明白这个计划，而IBO却有责任去教育他们。]

同样的，IBO没有责任去明白这个计划，而他们的上级却有责任去教育他们，让他们明白这个计划。上级没有责任去明白这计划，而上级领导人却有责任去教育他们。这是一个关于教育的生意，你作为推荐者，有义务去教育后来者。

回答问题需要教育

我发现推荐对象重复地提出同样的问题，不久我终于明白，这是由于被提问者不懂得如何去处理这些问题和反对意见。他们不懂得处理的原因，主要是没有人指导他们！

对于我们的生意伙伴而言，和朋友、亲人、同事及陌生人的接触也许是最为困难的，其中一些事情开始我们根本就不会。尽管如此，我们居然对新参加者抱着一种“从挫折中受磨炼”的理念，期望他们自己能摸索出答案，我们错误地认为他们自己会学会沟通的技巧。这些想法非常的荒谬，而我们却想当然。

我开始想：我受够了！让我们为每位想找到答案的人都装备好！都明白开始要做什么，接下来要做什么。让我们给每位生意拥有者都添加力量，立即让每个人都懂得运用最佳的言词，都能改善沟通的技巧，和提升个人的自信心，加强他们的影响力。

请相信，这本书可以帮你们一把！

“反对意见”和“拒绝”的区别

事实上，人们不明白“反对意见”和“拒绝”两者的区别。“反对意见”是对提出的事情抱着不认同、困惑，或者质疑的态度。“反对意见”只是提出了一些疑问或表达了某个立场而已，但不是“拒绝”。

[“反对意见”和“拒绝”两者是有区别的。]

另一方面，“拒绝”是完全对一个概念或信息的不接受及不认同。“拒绝”才是真正的说“不”。

每个问题背后总有另一个问题，我们需要知道推荐对象的出发点。在提问的同时，究竟他们在想什么，我们真的不清楚——他们是否在寻找被认同？他们是否曾经有过类似的经历？或者他们只是想得到更多的信息？我们必须了解他们更多，才可以真正回应他们的问题，作出正确的回答。

我还记得以前在大学的市场学课程上，学会的一句名言：“要知道为什么史密斯会购买那些东西，你必须要从史密斯的观点去看东西。”

[市场学名言：要知道为何史密斯会购买那些东西，你必须要从史密斯的眼睛去看东西。]

这句话正好经常提醒我们，要站在对方的立场跟他们对话。

当知道他们真正的问题后，我们要在情绪受到影响之前作出回应。假设我们对提出的疑问当成个人拒绝的话，我们或者会激烈地争辩，或者被动地躲避对方的问题。

其实我们经营这个生意需要具备高层次的情商（EQ），去克服被质疑、被拒绝所带来的影响。被拒绝和提问是普遍存在的，并非只是在这个生意之中。要成为精英就不能不明白这点，这个关你必须要过。

如果我们对反对意见和拒绝作出反应时，能够控制自己的情绪，我们就可以抵挡住因对方的疑问所产生的负面感受。这样重复的练习可以消除在接触新人及讲解生意计划的过程中所发生的负面情绪，

◎ 正确回答问题的重要性

我们做这个生意是有压力的。你是否曾经有过这样的经历——当你挂断电话后才恍然地想起："我该这样跟他说啊……"；或者你曾在某次聚会完毕后开车回家途中，能跟你的方向盘讲出最好的生意计划，而聚会时，你却不能。我们之所以这样，是因为挂完电话或聚会完毕后，我们便没有丝毫压力了！而要在压力下把事情做好，需要训练，所以本书是一本训练你的好书。

在聚会时，当你听到："我完全不认同这些东西！"你的情绪会发生什么变化吗？你的情绪会上升！另外，你的智商开始下滑。当反面意见出现时，大部分人的舌头像打了结，显得慌乱而不知如何回应，这是因为情绪

控制了你。当你被质疑之际，高涨的情绪使你不能够清晰地思考。这种情况不是代表你愚昧或软弱，其实这是人之常情。

阅读此书最大的收益，就是使你的情商得以提升，你会懂得以问题去回答他们的问题，进而掌握控制权。更重要的是，你将不会因对方提出反面意见而产生负面的情绪，因此你会听到问题的重点，真正了解推荐对象的问题所在。

> 你会懂得以问题去回答他们的问题，进而掌握控制权。

我认为大部分人提问时，他们真正想表达的是："请让我相信你所说的都属实。"要成功传递信念的唯一方法，是你先要自己相信！你不能只把本书内的简单答案给他们朗读一遍，你必须把信息潜移默化，使它发自内心，让自己真正相信。

"信念"，就好像合格或不合格的东西，不能模棱两可。相信与否，你是不能假装的。要期望成功，光靠死记提供的答案是不够的。

谈话原则可以提升你的推荐率

本书中，你将读到关于那些谈话的原则，我十分喜欢这些原则，原因是你们都可以通过学习来掌握它们，而且这些原则用途很广，远远不止是做某个特别的生意。我也喜欢《谈话显信心》这本书，因为它初步提供了直接而真诚的对疑问和拒绝的恰当反应，最终能帮助你提高推荐率（这才是关键）。

当你能够以问题来回应他们的疑问时，你将得到更多的新参加者。假如你经过本书或者相关课程的训练，能够灵活地给予他们简易而有力的回应，又能够略作解释，你可以推荐更多的人。假如你阅读“深入的思考”，给予他们更深层次的理解的话，你的推荐成功率将会最高。

◎ 本书的独特作用

这本书正是为了这个生意中不同形式的疑问而设计的，如果你是一个生意上的有心人，请利用本书作参考，它能提供各种各样的问题解答方案。从第4章开始，有38条疑问和相应的答案会分类列出——谁、什么、何时、何处、为什么及如何。

你可运用目录表去找出疑问及其有关可行的回应方式。熟读这些答案直到做梦也能记住它们。当你如此熟练时，任何提出来的疑问或反对意见，将不会对你的情绪有丝毫影响。你将从容面对所有问题，不仅是生意上的问题，而且也包括人际关系的问题。

另外，如果新人熟练掌握了这些问题后，就等于是穿上了防护的盔甲。不再那么容易受伤了，他们的自信心也将得到非常大的提升。

> **熟读这些答案直到做梦也能记住它们。当你如此熟练时，任何提出来的疑问或反对意见，将不会对你的情绪有丝毫影响。**

为了给予你更多的弹性和信心，在本书末尾，我增加了一章，名为“21个谈话要诀”，你会很喜欢的。它们有伟大的名人名言、成功法则和人生的“智慧之珠”，本来这些珍贵的内容是你在开车时都可听到的录音，它们太好了，你甚至会希望把车停下来去写下那些内容。而现在，你已拥有它了，非常完整地拥有了。

你会注意到，在这些篇幅内所列举的各种例子里，我特别选择不同性别的角色作参考，用这样的表达方式可减少“他”或“她”的语法累赘。无论是他或者她，两者的性别其实是可以对调使用的，只要能够说明问题就行。

◎ 好书在于应用

请别忘记一个重点：假如对方不是适合的人选——即使你已说了所有正确话语，做了所有正确的事情，采取了所有正确的行动——他还是没有兴趣加入，这不是你的错，而且因为你与他们相处非常正确，你不会伤害他们，你没有后顾之忧。不过，假如推荐对象提出疑问或反对意见，他们其实想通过提问去获得对这个生意的确认而已！他们想得到更多的讯息，你们已拥有了他们想知道的讯息，不要害怕运用它们，大胆地运用吧。

好好运用此书。不要对它客气，有需要时，你甚至可以将其中数页撕掉，拿去争取佳绩，这才是此书的最终目的！

所有靠介绍形式发展的生意里，最基本的原理便是复制！换句话说，我们要教导那些教导者如何再教导下去，所以"复制"便成为我们的事业里天才的同义词。试想想：有数十数百甚至数千个生意拥有者，他们都能够掌握此书的法则和实例——那你的生意发展必定无法抵挡！

让我们一起掌握这些技巧，以身作则地为我们的跟随者作出榜样！

我相信你会很快在这个生意里有所突破。这书所介绍的法则和实例都已被证实可行！现在，是你去证实给你自己的时候！你的前途将会一片光明！

你能做到！

第二部分 七个谈话原则

CONFIDENT CONVERSATIONS

◎ 七个谈话原则

很重要的一个事实是：沟通的过程中其实“言词”所占的比例很少。事实上，根据多年前西雅图太平洋研究院曾做过的一次广泛及备受重视的研究报告中指出，我们人与人的沟通有93%是“非言语”的方式进行的，其中身体语言占有非常大的比例。这意味着我们只有7%的沟通是通过言词来进行的！

如果我们语言的沟通只是占这么少的比例，那么其余93%的沟通方式又从何而来呢？总的来说，你的声音语调、身体语言、仪表和聆听技巧，这些因素是一般人对你的想法和感觉的基础，从而决定如何对你评价。

你是否察觉到某些人做这个生意好像毫不费劲似的？前一天他们才加入这个生意，第二天他们便能马上复制了成果，推荐了不少新的参加者。为什么他们可以这么迅速地发展，而其他人却要不断挣扎呢？是他们一夜便学成所有的生意策略，还是他们只靠运气呢？我的经验告诉我，是他们早已明白了下面所列举的七个原则。换句话说，他们93%的成效来自于他们运用了以前学会的技巧，然后立即执行于我们的生意里！

可见这七个谈话原则的重要性，下面请注意了——

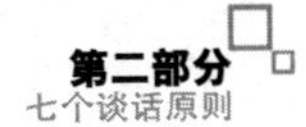

◎ 谈话原则1：做个伟大的聆听者

真正的聆听不容易！

人们通常讲得多，听得少；不过，通过聆听我们才能真正地学习，说话是学习不到任何事情的。假如你要在任何生意上取得成功的话，你必定要关心别人。

这是领导力的问题。

我相信你必定曾经听过这句话："人们不在乎你所知道多少，直到他们知道你多么在乎他们。"

因此，世上让人们知道你关心他人的最佳方法——也是最快的方法——便是聆听。

我们经常听说，要做一个成功的生意，就是要"找出需要并满足它”。那么我们在社会上与人相处，怎么找需求呢？要找出这些人的需要的唯一方法便是聆听——真正的聆听！

> 要找出这些人需要的唯一方法便是聆听——真正的聆听！

但是，要注意，要做到真正的聆听真是谈何容易！你要聆听，要专注于另一人，意味着要把你手头上的工作放在一边，全心全意，听取他人讲的每一个字。

让我举个例子：数年前我建议一位生意伙伴约翰，把他自己的某个一对一讲解生意计划的过程录音，以便我们共同分析可以改善之处。

当约翰讲解了半小时后，那位推荐对象说：“我目前正在寻找全职收入以外每月赚取额外700美元的方法。”

约翰不但没有及时抓住这个讯息，使生意计划得以强化，他忽略了700美元这个“较小的数字”，却迅速地重点提及那些六位数字的收入，和完全的财务自由等等！由于我们不能细心聆听，往往令我们错失机会。

拒绝聆听别人的说话必定会导致他人有不受重视的感觉。相反的，仔细地用耳朵聆听，点头表示认同和眼光的接触等，都能让对方感到备受重视。这会令人觉得你是心意俱在地和他们一起，肯定了他们的重要性。

你是否见过一种电动机械花盆的玩具，我认为这玩意儿是伟大聆听者最贴切的实例！它内置一个麦克风并能够对声音作出反应。当你弹奏富有节奏感的音乐时，它真的会“闻歌起舞”，十分滑稽可笑！这个实例似乎有点极端，不过我们的眼神转移和我们点头等动作，都应该是对其他人谈话的直接反应。点头表示认同，并更能造就正面成果和机会。

“填补用词”的技巧

除此之外，最佳聆听者会运用“填补用词”的技巧。“填补用词”是谈话的一种技巧，可让谈话持续，也能避免你说得太多，或你的推荐对象说得太少等情况。

当你讲解生意计划时，你的对象只懂得简短肯定的回答：“是”、“否”、“有一点”、“不完全是”等等，你是否会因此而感到难以为继呢？要让他们持续谈话，你可以使用下列简单、诚恳的词句以避免上述情况的发生：

然后又……？

你的意思是……？

例如……？

所以说……？

之后，你……？

这是意味着……？

当采用“填补用词”时，请记住身体先向前倾，拖长用词的末端发音，然后才向后靠并用心聆听。

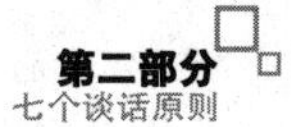

◎ 谈话原则2：人们只对自己最感兴趣

人们最感兴趣的是他们自己

除了圣经以外，最畅销的书籍之一应该是戴尔·卡耐基的著作《人性的弱点》。戴尔·卡耐基这样写道："……在英语中，一个人的名字是最宝贵的字眼"。

人们对自己感兴趣，多于对你的兴趣！这是人的本性。你要理解这简单要点，并使之成为和他人交往时的技巧和力量。对他们而言，世界上最感兴趣的事物是他们自己！应用这原则，把和"我"字有关的常用字眼在你的词汇中移走——让"你"这个字取代它——像下面的例子：

“你的得益将会是……

“你可得到的好处……

“这样会增加你的……

“你可以达到你的目标……

……

模仿及配合

另一个有效与其他人迅速沟通的方法是“模仿及配合”他们的交流方式。在与人交谈的场合中，当你采用“模仿和配合”他们的声音语调，说话速度以及身体语言时，你马上会与他人建立起和谐的沟通气氛，无论交谈的内容是什么。

人们遇上和自己背景相似的其他人时，会有更为开放和舒适的感觉。“模仿及配合”，是训练自己和别人交谈时，留意他们某些明显的特性，以致你能采纳应用他的动作和说话的方式，特别是他的身体语言。

这种非语言行为所表达的讯息是：“我和你一样，大家都认同彼此的心态。”

假如你的推荐对象说话时显得缓慢和慎重，那么你也有必要慢下来以配合他说话的速度。同时，留意他的用辞，以便你也能运用同样的语句于谈话当中。

比方说，你在他们家里跟他们见面。生意对象先生靠在椅背，手指摸着下巴然后说："这事看来有趣，不过我是一个慢热谨慎的人。"说完他把身体稍向前倾，又继续说："但假若我真的相信某些事情，我将会成为最积极喝彩的啦啦队长！"

对于这种情况，一个非常好的回应，是把身体往后靠，点头，然后说："真有趣……我也是这样反应的人。"跟着把身体向前倾，然后说："我从来都相信最伟大的交易，是成功地卖东西给自己。在这个事业上，我之所以能够成为带头喝彩的啦啦队长，是因为我认真地做了考察工作，结果为自己证实了这个生意概念的真正价值！"

我个人的说话风格是直接、快速和响亮。我也倾向经常使用"我认为……""我的意思是……"和"对吗？"这些词在谈话中。此外，我也习惯使用一些其它关键字眼，如：热忱、目的、给予力量、激励、燃点、难以抵抗和贡献等。

假如你走到我面前，充满热忱而快速地告诉我：

"布莱德，好极了！我认为我们可以点燃他人的内心，建立一支难以抵抗的团队！对吗？如果我们可以把人们所热衷的事情和他们联系在一起，从而建立一支充满使命感的队伍……"我必然被你吸引。我会得出一个结论——你是一位非常有才华、高诚信并将在你生命中干一番伟大事业的人。我会马上喜欢和尊重你，也会愿意花时间和你交谈以及一同分享更多概念。事实上，我将很有和你共同发展生意的冲动。

[人们就像雪花一样，没有两片雪花是一模一样的。]

"模仿及配合"是赢取人心的最强有力的方法，这样做能让他们的心扉敞开，愿意和你分享他们的内心和人生方向。

请记住：人们就像雪花一样，没有两片雪花是一模一样的。假如你跟他们谈论他们自己，细心聆听他们的话语，给予他们示范、了解他们的渴求——他们是会让你进入他们的内心世界的。他们会成为你的伙伴，各自为自己的目标共同奋斗，这种强烈而充满激励的人际关系是你成功的关键。

◎ 谈话原则3：作答前停顿片刻

这个原则令人感到你在思索他们的提问。稍微停顿也能让你有时间作出合适的回应。

人们想知道他们所想的是否真实和合理。

另外，大部分人会因为片刻的沉默之后而迅即加入谈话行动。

最近我被我的母校圣地亚哥州立大学邀请，给即将毕业的大学四年级学生作一次生意讲座。演讲刚结束，主持人问我是否愿意给学生们一个问答环节。

我当然同意接受在场的学生发问。噢！有些问题真是奇特有趣！我希望发问的人都感到被重视，所提的问题都感到有价值，于是我在回答每一条问题前，都会稍为停顿，然后说些类似下面的话：

“噢！非常好的问题……”

“嗯，以前从来没有人问过……”

“恭喜你！多么有趣的论点……”

我称这些句子为“问题确认句”，这个技巧也能对你在其他场合有所帮助，当你在电话中想整理你的思路时，这些语句会特别有用。

◎ 谈话原则4：要精简和专注

最令人感兴趣和吸引听众的演说家，是那些能够运用精确和仔细推敲过的词句来演讲的人。最糟糕的则是那些滔滔不绝、说个不停的演说。事实上，独立生意人说服人们的道理，与演讲家是否受欢迎一样，独立生意人会在同样的谈话里说服推荐对象加入生意，同时也有可能“说服”他们退出！所以，这本书非常珍贵，是独立生意人的最佳教材。书中的内容，你完全可以学会，请你应用谈话的新技巧吧。

> 记住，提前15分钟离开生意对象，总胜过使对方感到时间太长！

做到无需思考的讲解

每次当你讲计划时，你是否即兴讲解或者遵循一个模式？假如你想拥有一个大生意，你的脑海里就应该有一个清楚、精确、简单的计划纲要。

我个人的计划分享通常有几个部分，每部分又分成数个要点，比如一句名言，一段短的故事，或一个我会向推荐对象提出的问题。我已经牢记生意计划，我自然地演绎，但不显得是在背诵因为它已成为我的一部分。

就好像一位音乐会中的钢琴家，他不需要“想起”手指弹奏的琴键位置——我也无需思考、犹豫或考虑计划的每部分，因为我已经太熟悉它们了。当你在胸海里已“胸有成竹”，你只用“专注于推荐对象”，而不会“专注于自己”。演绎生意计划时，给自己一个挑战，把它变成更像一个对话，而不是一个讲解。

以我讲解生意计划为例，我经常会花 2 分钟时间，陈述当年我被电话邀请来了解这个生意机会的情况。这个故事其实有点滑稽和不寻常，这样的陈述可造就轻松的气氛，也能让人们放松一点。

讲计划一定要简要和准时完成。记住，提前15分钟离开生意对象，总胜过使对方感到时间太长！

◎ 谈话原则5：塑造良好的第一印象

头次见面的前4分钟

“你永远不会有第二次机会去塑造第一印象。”

你听过这句话吗？你们可能不知道，人们会在初次跟你见面的头4分钟内，形成高达90%的有关你的评价！记住，头次见面的前4分钟最为关键。

三个方法塑造第一印象

下面有三个方法可以塑造一个“黄金第一印象”：

1. 一个很优雅的握手方式。 最差劲的握手方式，莫过于像握着一条湿软的面条，或像是被一个举重选手捏断手指似的。你只需要稍微用力一点握住对方的手，并根据对方手的压力而作调整。

2. 运用微笑的力量。有研究报告指出，你微笑次数越多，你越能将其他人拉近你身旁，他们也会给你越多的目光接触，提高他们和你接触的机会，最后可以让他们更想和你相处较长时间。换句话说，微笑对于你的生意和个人生活都很有帮助，因为它表示你不会对别人构成威胁。

3. 为成功而穿衣。衣物覆盖着你身躯高达90%的面积，与此同时，它也会大大影响其他人对你全方位的评价，包括你的可信度、可靠性、专业性、权威、社会成就和商业地位等。

生意场的服饰是“别人选择的”

著名畅销书《身体语言》和《为什么男人不听话，女人没方向》的作者阿兰·皮斯对于服饰有这样的描述：“有关正规生意服饰的秘诀，可以在下面这个问题的答案里找到——你的推荐对象对你的衣着抱有怎么样的期望呢？如果你想表现出可信任、受人欢迎、具权威性、有知识、成功和平易近人等特征时，在他们的眼中，你应如何选择衣着呢？你会选择什么样的西装、衬衣、上衣、领带、裙子、皮鞋、手表、化妆和发型呢？注意，要根据他们的意见——而不是你的意见。”

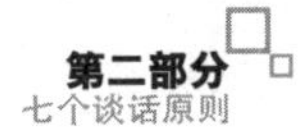

◎ 谈话原则6：用讲述故事来表达每个要点

讲自己的故事

每次当你想表达一个要点时，请讲述一个故事。很多生意伙伴最糟糕的错误在于只谈及事实、数据、详情和统计数字。大部分推荐对象第二天早上醒来时已忘掉计划的85%。

人们只会对好处和价值感兴趣。对情感动物传递好处和价值信息的最有效方法，便是充满感情的述说。而充满感情述说的最佳方式，是讲述你自己的故事。

记住：讲道理不如讲故事，讲故事不如讲自己的故事。

人们不会记得事实、数据、情况和统计数字，人们只会对好处和价值感兴趣。

讯息只能讲述，故事则可销售

比方说，你在向生意对象介绍一个在你所在城市举行的生意聚会。

你可以说："9月27日晚上8时，在万豪酒店将会有一个生意讲座，我建议你参加，你会对这个生意更加了解，也会认识很多不错的人。"

你也可以更为个人化地讲述你的故事："我还记得第一次认识这个生意的时候，也像今天晚上一样，我也在怀疑，到底对我来说这事情可行吗？直到我参与了那个聚会以后，我才真正为自己的将来作出了决定，真的令人难以置信！我在那儿认识了团队的其他成员，也见到来自不同背景的人，18到81岁的人都有，如学校老师、律师、建筑工人、家庭主妇等。主讲嘉宾是一位比我年轻20岁的小伙子，但是这个生意已让他获得财务自由。他解答了我大部分的问题，使我觉得这个生意很真实。今天，我庆幸当初我愿意抽出几个小时的时间，让我去了解这个生意。”

你看到两者的分别吗？我听说过一句话：“讯息只能讲述，故事则可销售。”你要通过讲述故事来推广这个生意，也要运用故事来表达你的观点。

◎ 谈话原则7： 相信你自己和你所拥有的

信念就是一切！

在这个生意里，信念就是一切！其实做任何生意都需要信念。无论你选择何种事业，你必须要相信你所做的事情。你必须相信你所工作的公司、其价值观以及使命、它们的诚信，你也要相信与你一起共事的人。信念是无法假装的，如果连你自己所做的事情都不相信的话，简单来说，你不可能成功。

你是否在生意上遇过一些不能令你信服的人？比如一位自己驾驶着丰田汽车，却在推销宝马汽车的人？或者一位健身教练推广某种营养补充剂，自己却在吃另一品牌的同类产品？请看今天的世界，有多少人不能忍受“用时间换取金钱”的工作，却还在继续上班？假如一个人不相信他自己所做的事情，他到底有多少说服力？他是否具有真诚坦白等特质？

要在你的生意里建立信念，更重要的是，在你的内心建立信念，这意味着要持续阅读有关成功的书籍，个人成长的书籍以及人际沟通的书籍。

我建议你最少每月读一本书，然后将在书中所学到的原理和原则加以应用！要记住：唯一能建立自尊心的方法是通过行动和实践，把每件小事情做成功。

还有请记住：信念是不可以“模棱两可”的——你只会“有”或者“没有”；很有感染力，假如你懂得如何扩散，你的生意将如野火般蔓延！

【信念是不可以“模棱两可”的——你只会“有”或者“没有”。】

你的钻石演讲词

你对这个生意的信念，通常来自与其他生意伙伴交往合作和参与培训聚会。除此之外，我会给生意伙伴建议一种做法，就是把这个生意机会的概括词用自己的语言写出来，张贴于显眼的地方，以便每天都能看见。

这一小段的文字就是你对这个生意的理解，它也包含着那些你在与推荐对象谈话时不断重复背诵的文字。每次讲计划、跟进的时候你都使用它，我敢预测，它将会成为你的钻石演讲词！它会成为你的无价之宝！

也许你会形容这个生意为一个规模庞大的“成员联系计划”，或者你认为“消费生产奖励方案”、“推荐商贸”、“互动商贸”以及目前最为时髦的电子商务等。在此书内我会不断使用“生产消费者”这名词，意即“通过消费获利的消费者”。最好与你的上级团队共同商讨并确认所选的用词。我建议你们不要举棋不定、三心二意，或者因为学到最新的培训信息后而经常改变用词。无论你如何形容这个生意——只要所选用的名词合理就行了。当你已经给它一个恰当的定义，你就能够加速你成功的过程。你对这个生意的理解越深，你鼓舞人心的影响力将越大。

把信念传递给他人的3种方式

把信念传递给他人有3种关键的方式：

1．通过你的言词

2．通过你的声音、语调

3．通过你的身体语言

有关这几点，已在前面“谈话原则2”讨论过了，我希望你再重新思考。想象一下，其他人如何通过你所选择的言辞、声音语调及身体语言来观察你的为人？从另一角度去想：你是否会因为听到你“自己的谈话”而产生采取行动呢？你是否会因为你的声调而感动？当你看见“你的身体语言”时，你会有兴趣吗？

我常常教独立生意人听听自己在语音信箱里预先录制的欢迎词。小心，这个练习有可能让你显露弱点！当我稍后和他们谈论这件事情，他们会这样告诉我：“怪不得其他人对我的生意不感兴趣，原来我的声音如此沉闷乏味！”

这三种沟通方式组成了一种“建立和谐”的技巧。当你掌握了如何与其他人建立和谐的技巧时，你将会无限量地建造康庄大道，通过在这个生意上的成就和丰富经验，最终实现自己人生的目标或者成功！

至于怎样通过以上三种方式传递你的信息，你就需要专门的训练和培训了。我们建议你看看相关的作品，比如阿兰·皮斯的《身体语言》、《为什么男人不听话，女人没方向》，还有卡耐基的《人性的弱点》。

[假如你希望别人认同你的立场，你必须先让他相信你是他的朋友。]

从根本上来说建立和谐的人际关系，意味着在人与人之间建立尽可能多的共同点和舒适。我们人类拥有一种奇妙的行为素质：我们都希望别人喜欢自己。

我知道我就是这样的一个人，绝对不会错的。如果有人对我这样说："布莱德，我认为你是个疯子！我一点都不喜欢你，除此之外，你的衣着品味也挺古怪的。"

可以想见，这样的人，我是很难充满热情地和他展开对话的。如果他表示出对我的接受和欣赏，无论是直接还是间接的，那就不一样了。

人际关系大师林肯总统说过："假如你希望别人认同你的立场，你必须先让他相信你是他的朋友。"

人类的趋同性

人类还有一个特点——趋同性。人们总是追求相同的爱好、情趣等。这点对你的人际交往也很有帮助。

对于那些和我们有共同兴趣和共同追求的人，我们会感到舒畅，也愿意花时间跟他们在一起。

就算有些人不懂得和陌生人交谈，只要找到明显的联系纽带，打开话题就会变得轻而易举。比方说，大家都是驾驶着哈雷牌的摩托车，或者一起在机场的行李领取处拿高尔夫球袋，或戴着同一支棒球队的帽子。

现在，你要开始挑战自己，熟练地运用这七个谈话原则。

请记住：是你所做的事情——而非你做事的能力——使你的人生与别人不同。上帝给你回报，是看你做了什么，而不是看你有多大的本事。知识本身并无真正价值，应用这些知识才使它的价值提升。这些原则将会协助你获得更美好的人生、更多的朋友、更大的成就和更幸福的生活。我希望你从此能让这些原则变成你行为的一部分，并且为你工作！

第三部分 世界上最杰出的“冷接触”专家

CONFIDENT CONVERSATIONS

◎ 如何成为“陌生接触”专家

成为“冷接触”专家

我相信大家读这本书，都希望学会一些奇妙而实用的接触对白，在分享这些例子之前，我想提醒你们，这本《谈话显信心》的主题，是提升你们谈话时的信心和技巧。上一章内提到的“七个谈话原则”，已经是我个人对你的独立生意提供的最佳建议，教你们如何联络陌生人。任何人只要熟悉这七个原则，都将会精通与人沟通的艺术，成为世界上最杰出的“冷接触”专家。为什么呢？这是因为你不想仅仅与陌生人接触——你必须先跟他做朋友。只有这样，你的生意才能做大。

[你如何跟陌生人接触？你必须先跟他做朋友。]

怎么成为美国最富有的人

在这个具有无限收入潜力的计划里，我们可以通过个人推荐朋友而为自己建立一个美好人生。这个计划有无限的空间，原因是你想推荐多少人就可以推荐多少人。不过，你的收入将和你的人际技巧有着直接的关系，这些技巧决定着你影响他们的程度；你对他人的影响力，将会成为有效推荐及带领新人加入这个伟大事业的决定性因素。

如果你亲自推荐100个独立生意人加入，只要其中20人下面建立了稳固的组织，你便会跻身于美国最富有的人群中！想象一下，有可能吗？当然有可能。请参考其它行业：一位地产代理能否在他的职业生涯中成功销售100套房子？或者一名专业猎头顾问能否成功介绍100位高级经理给需要他们的公司、组织或机构？或者一位颇具天分的股票经纪能否发展100名顾客？当然，他们全都有可能做到。

为什么许多人不做这个生意

既然这个生意这么好，那么，为什么很多人都不去参与呢？也许我能给你说出100个理由，不过最终都可以归结到两个原因——怀疑和恐惧。我喜欢亨利·福特的名言：“我正在寻找那些永远不知道什么叫‘做不到’的人。”

当梦想大于一切时，恐惧就会被辗碎。所以真正的关键，其实是你梦想的大小。什么东西驱使你阅读本书呢？我相信你不是只希望得到一些信息这么简单吧，必定是某些东西在激发着你。在你的脑海里，一定有一幅有关你的人生理想的图像。

试想想，假设你紧紧把握这个生意机会，达到一个疯狂成功的程度，你会有什么感受呢？当你想到成功之后所得到的自由、经历、乐趣、褒奖、归属感、赞赏和可供享受的财富，那是多么难以想象的感觉！

[当梦想大于一切时，恐惧就会被碾碎！]

恐惧到底是什么？

恐惧就像跟你同室居住的一位情感朋友，日日夜夜和你一起，当遇上任何令人不安的事情，它会操纵你，说服你去逃避。它对你说："你做不了这事的！"或者"人家会对你有怎样的看法啊？"

当恐惧说得越多，你的信心和自尊也慢慢地越来越被侵蚀。它会想尽办法说服你，停止前进，不作尝试，不要相信，不采取行动。它在你的内心深处偷走你人生的所有梦想！

恐惧可以是你内心世界最强大的敌人之一，这是一股能摧毁幸福的力量。究竟恐惧如何发挥作用呢？它会让你在困难的事情上停滞不前；它阻止你的成长；它制造隔膜使你和其他人分离；它使你放弃梦想；它让你裹足不前，原地踏步，以致无法达成你本来应该实现的成就。有时候这些事情实在难以察觉得到。

在你现时的生命里，你无法做到你想做的事情，无法改变你想改变的环境，不能和那些你想与之谈话的人畅所欲言，更没法去冒一些你渴望去冒的险。也许你在过去的很多个星期、很多个月、甚至很多年以来都曾渴望去做一些事情，却还在拖延下去。到底是什么东西在阻拦着你呢？你的恐惧！但是，恐惧其实也可以像火焰那样被控制。

受控制的火焰是无害的。它可以为我们做出可口饭菜，可为我们带来光和热，或用来点燃壁炉及蜡烛而制造出浪漫的气氛。恐惧也是一样的。假如你对恐惧的反应是害怕的话，它就会极具破坏力。相反地，假如你能控制你的反应，它却可以用来激励你，燃点起你行动的火焰，把你向你的目标更推进一步。

恐惧的作用和功能

> 也许你在过去的很多个星期、很多个月、甚至很多年以来都曾渴望去做一些事情，却还在拖延下去。到底是什么东西在阻拦着你呢？你的恐惧！

我认为恐惧本身是中性，不是好的也不是坏的东西，它既可以是健康的，也可以是不健康的。恐惧像一种工具，任何工具都具建设性，但也有破坏力。你想让这个工具为你服务，或削弱你的能力，这都是由你决定的，只是你的一个抉择。

你不可能一夜之间便克服了恐惧，不过你此时此地可以立即开始控制它。

正如中国的谚语说："千里之行，始于足下。"对于那些决定继续向前迈进、冒险、成长、改变的人，他们永远都要面对恐惧。为什么呢？因为每当你要成长时，你便要走进一个全新的环境里，接受全新的挑战。

多么棒啊！你已经放弃把恐惧赶走的这个念头！恐惧和成长两者是相辅相成的，就好像在一间高级餐厅吃过令人难忘的晚餐，但事后必然要付的小费一样，恐惧和成功是一个不可分离的组合。

享受的代价比恐惧的代价大

你决定了自己要成长，你要成长，就往往包含着丧失了舒适感受的风险。

你是无论如何都要付出代价的，很多人不知道，风险和恐惧的代价，比较起享受当下舒适感受的代价来，就好像小巫见大巫。

想象一下，当你快要走到人生尽头，你回首观望自己的过去，你开始察觉到，自己还有多少独特的天赋和潜能没有发挥出来。你发现自己应该赚的钱没有赚到应该认识的人没有认识。你甚至发现你错过了和自己关心的人作真诚及深入对话的机会；你从来没制定过的回报丰厚的财务计划；从来未经历过那些令人振奋的冒险活动；你发现自己坐在一张沙发上，心灵有点干枯，曾经有过的梦想已渐被遗忘。你明白你曾经错失了多次机会，本来你的人生完全可以过得更加精彩。

起来吧！现在是你要醒悟的时候了，现在是你在生命中做些伟大事情的时候了。我听说过这样的一句话：“一条叫做‘总有一天’的道路，通往名叫‘一事无成’的城市。”

什么意思呢？如果你惧怕恐惧，不愿行动，总是认为“总有一天”你能如何如何，那么最终你将“一事无成”。

记住：行动是克服恐惧的钥匙，智慧是克服恐惧的关键。

初次接触绝招——提问

做营销、保险的人士，特别是从事这个行业中大部分人，都会在接触或寻找推荐对象时产生恐惧。我在生意起步的阶段也经历过这种恐惧的反应，于是我决心改变接触人的方法。

比如：假如有人走到我的面前，然后问我是否考虑其它创造收入的方法，这一定会把我吓跑的！事实上，直到目前为止，我还会对我的错误做法有不安的反应。后来，经过许多努力和经验的积累，我发觉在接触新人时，通过巧妙的提问会令人更舒服。下面是一些例子：

“你喜欢这儿的工作吗？”

“你似乎很享受你的工作？”

“你有没有想过永远在这个行业里做下去呢？”

“你对目前的财务状况满意吗？”

“你喜欢哪些消遣活动？”

“在五年之后，你希望自己处于一个什么位置呢？”

就是这么简单！只需要问他们一些问题，不用刻意寻找他们发展这个生意的原因，他们会主动告诉你为什么他们会对建立这个生意有兴趣的!

“可推荐性”的重要性

世上最具威力的商业策略就是具有“可推荐性”,这种特质意味着,人们觉得你值得被推荐给更多的人或公众。这表示你已被人们认同,你已经具有专业、友善和易于相处的特质。正因为你具备了这些特质的缘故,人们对你有着强烈的信任,以致他们愿意把你以及有关你的事告诉他人。

他们对你非常信任,所以,当他们被你问及对这个生意可能有兴趣的人时,他们能够给你列出人数众多的名单。他们愿意介绍和他们一样,甚至更好素质的朋友给你们认识。他们实际上已在“克隆”自己!这种复制效果,是那些规模庞大的公司愿意花费数百万美元去实现的成果,而你只凭借一些基本习惯和素质便能办到。

在一本名叫《如何屡创高峰》(How The Best Get Better)的书中,作者丹·苏利文给予成功的企业家下面四个建议,只要养成这些习惯,就能成为一个“可推荐性”极强的人:

1. 赴约要守时

2. 要言出必行

3. 做事有始有终，别半途而废

4. 多说“请”和“谢谢”等感激的话语

这四种习惯看似是普通常识，但令人惊讶的是，大部分人都没有培养这些习惯！因此，大多数人都不具有“可推荐性”。也许有些人很有头脑、天资聪颖、富有魅力、阅历丰富，不过他们却缺乏常识，永远不能经历我们这个生意所带来的那种“雪球效应”。因为，大家不乐意推荐没有“常识”的人。

这四种习惯显示出独立生意人的尊严和魅力，是做正确人的基础。如果你拥有这些常识，人们对你将尊重和欣赏。当然，这些美德的反面是：对别人漠不关心、傲慢、疏忽和马虎等。这是你需要小心克服和避免的。

当你具备可推荐性时，你就可以打电话和成打的人订立约会，尽管你们过去都不认识，但你仍然会得到他们的友好对待，因为你早已经是他们“耳朵里”的熟人。

你的电话可以这样开始：“你好！约翰！我叫布莱德·德哈文，我们虽然没见过面，但是，我们有一位共同认识的朋友……”

“你好，布莱德先生，你的大名我久仰了……”

只要你能拥有“可推荐性”，你的数以百万计的生意额就有可能实现！快去学习、成长吧，早日使自己成为有可推荐性的人。记住：这种能力是每个人都可以拥有的。

◎ 电话邀约的十句金言

这儿有一些你可以运用的措辞，让你可以展开你和推荐对象的谈话。多年来，我曾在电话邀约中重复使用这些措辞，共不下数千次：

1. “你有时间吗？我们现在通电话方便吗？”

2. “我知道你赚钱不少，不过在不影响你目前收入的情况下，你是否愿意与我探讨一个生意概念？这可以让我们获得财务自由，意下如何？”

3. “如果你不介意，我给你讲解一个有趣的电子商务机会，你是否愿意听听？

4. “我正在寻找合作者。在未来的两星期内，我的这个团队将会形成。”

5.“凭着我的经验，和你的人际圈子，我们可以一起赚大钱。”

6.“我非常愿意……”

7.“我很想给你一个尝试的机会……”

8.“我期待着与你进行另外一次深入讨论这个生意的机会。”

9.“这个星期内，哪几天你是没空的？”

10.最重要的是，你一定要学会用微笑来说声“你好！”

◎ 五个不能在电话中犯的错

1．先确定你的谈话时间是否恰当

独立生意人失去好的推荐对象（有兴趣的新人）的原因，经常是因为他们在不恰当的时间打电话。你要先确定通话时间是否恰当，开场白要精简，比如："你现在有时间吗？现在你方便和我对话吗？"

2．别把文字资料或录音带交给不合适的人

如果推荐对象向你询问相关资料或者信息，你要确定他们是否是合适的对象，否则不能给他们，因为许多人是希望借此摆脱你的"纠缠"。

3．塑造一个有亲和力的“电话形象”

你的声音在电话里也是有“形象”的。最有效的改善“电话形象”的方法，莫过于把自己的电话言谈录音，然后自己翻听录音，再决定需要改善的地方。

4．要准备充足

写下你的电话台词，并加以练习，然后才正式通话同时要清楚这次谈话的目的。

5．打电话目标要鲜明，信息要令人信服

要让对方产生兴趣，首先要简短地介绍自己，给对方说明来电用意，并使对方感到电话对他们有一些益处，然后立即以问题去引导对方加入谈话。

◎ 要“动能”不要“静能”

还记得以前在自然科学的课堂上学到的两种能量吗？“静能”和“动能”。“静能”一如其名，只是静止地占着座位，一事无成；“动能”却是活动的能量，是实实在在地做工作，“动能”就是在行动、说话及相信！

独立生意人接触的措辞其实也一样。“静态知识”做不到什么，它不会说话，也不会在接触到机会时有所行动；“动态知识”刚好相反，它是活动的，让事情发生的，不仅仅是存在于自己的脑海中。

著名科学家查尔斯·凯特林说过：“我只对‘未来’有兴趣，因为我的余生将会在那儿度过。”

最重要的是，你将会得到一份厚礼，这份礼物有能力装备其他人，帮助他们实现早已放弃了的梦想。你也肯定有自己的梦想，可能是为了家庭或者你所爱的人。让本书成为你重新追求你的梦想的旅程开端吧！这些技巧会使你更强壮、更自信以及更勇敢，同时你也可以把这个自由的礼物（本书提供的技巧）运送给其他人，让大家受益。

> “我只对‘未来’有兴趣，因为我的余生将会在那儿度过。”
>
> ——科学家查尔斯·凯特林

本书下面的内容包含了人们最常提出关于这个生意的38条疑问。每条疑问都有三种回应的方式——

第一，以问题来回应疑问；

第二，简易的回答；

第三，深入的思考；

请记住，以问题来回应疑问会让你控制谈话的过程，使你更能洞悉推荐对象的思绪。当你磨练好你的谈话技巧时，你会发现你的回应措辞将会来自三种方式的自由组合，这会使你变得自信而有力。

第四部分 38 个棘手疑问的简易问答

◎ 谁——谁能做成?

疑问1： 我不知道我能否做得到?

1. 以问题回应疑问：你对哪些事情不肯定呢?

2. 简易的回答：我认为你会做得很出色！事实上，你已做了一大半了。你唯一还没进行的是登记加入成为生意拥有人，这样，你就可以凭着自己购物、以消费者的身份赚取利润。

3. 深入的思考：我们也不知道她究竟能否做到。我们需要知道这个疑问的来源，以便能对她的成功潜力加以肯定。这个推荐对象明白她自己对建立这个生意毫无头绪。我们可以对所有的IBO（独立生意拥有人）如此假设——他们是不懂得如何做这个生意的。如果她懂得的话，她可能已经在做这个生意了，而我们也不可能找到她了。

我们正在寻访一些有特殊素质的人，他们必须具备两种特质的其中之一：他们或者已经拥有这些技巧，或者他们有一种强烈的渴望去学习成功所需要的技巧。接着，我们把推荐对象放进一个个人成长和专业培训系统，且看他们是否愿意快速学习这个生意模式。他们可以做到吗？我们不清楚，因为我们不知道他们是否愿意。他们有良好心态吗？他们有决心吗？他们会坚持吗？他们有良好的自我形象吗？我们都不知道，但是我们可以找出他们是否有兴趣学习。

任何人都能做这个生意。推荐对象只需要听到你告诉他们，这个生意他们也能做到。用一些“我认为”的语句鼓励他们，比如：“我认为你会很出色！”“我认为我们可以一起合作赚钱！”然后，向他们承诺，你将会

在整个过程中和他们携手前进。

疑问2：我不认为我的伴侣会对此感兴趣。

1．以问题回应疑问：假如他不和你一起发展这个生意，你还会感兴趣吗？

2．简易的回答：为什么你不和他沟通一下，表达一下你的意愿，而直接要求他支持你呢？我认为你应该先给他所有他需要的信息，以便他可以作一个明智的决定。我相信你的梦想和目标是值得追求的。

3．深入的思考：很多时候，我要对夫妇的其中一方讲解计划，因为要两者都能 同赴约并不容易；至于未能看到生意计划的"另一半"，当你的生意计划的演绎得不够清晰时，要他们转变观念是不容易的，通常你都会被拒绝。没有几个人能将计划的演绎过程原原本本地带回家里，并且给配偶解释得一清二楚。

这里存在两个因素。第一，配偶可能是在观察她在这个生意的承诺到底有多少，成功的可能有多大。其实，也有很多配偶愿意支持“另一半”，只是他们心里没底而已。不过，他们不能确定配偶是否真正对这个生意有承诺。此外，他们也害怕这个过程中要付出的代价太大。因此，你只要付出一些正面的、循序渐进的行动，就会把另一半拉近些。

第二个因素，推荐对象对于要展开一个自己都不明白的项目，往往会显得有点顾虑！没有人愿意单独去展开一个新的项目；假如她预计丈夫不想参与的话，她可能也不愿意参与，所以你必须让推荐对象知道，很多人都是单身建立这个生意，不一定要靠丈夫的参与才能成功。她的支持团队会保证她获得她想要的东西，即使没有爱人的支持也一样。

疑问3：我认识的人不多。

1．以问题回应疑问：你认为你需要认识多少人才能够成功呢？

2. 简易的回答：其实你并不需要认识很多人才可以在这个生意上成功。你只要认识三四个严肃认真对待这个生意的人，便足以令这个生意有非常大的发展。

3. 深入的思考：人们首次接触这个计划时，都不了解这个生意理念，以为它不可能这么简单，于是设法寻找它的奥秘。事实上计划真的这么简单，一个传授给下一个，我们只扮演消费者的角色，但通过我们独立生意人的身份，赚取来自我们自己消费的利润。我们把这个理念推广给其他人，让那些想寻找途径改善生活的人知道。推荐对象不一定要交游广阔，否则这个生意很难成功。他只需要认识几个人，那几个人再认识几个人，接着那些人再认识几个人。除此之外，推荐对象更需要明白的是：他不是单枪匹马去寻找这些人——他拥有整个团队的支持和承诺帮助他去达到成功。

你也可以这么说："我们有个广告系统可以协助你发现那些有兴趣参与的人。"我们首先从"列名单"这个步骤开始，这是"成功模式"的第三步——你有那些亲属呢？圣诞节要送礼物给谁呢？你通讯簿里有那些人？在这城市里你认识那些人？你还认识……？名单的来源是无穷无尽的，之后，我们在这个名单当中筛选那些积极进取的人，那些将会认同你的团队成员的人。他们会有可能对生意计划产生共鸣。

疑问4：我不想利用我的朋友。

1．以问题回应疑问：帮助你的朋友们赚取额外收入，这样做算是利用他们吗？

2．简易的回答：我们也不想你利用你的朋友。事实上，我们只想跟那些你认为会因为这个计划而受惠的朋友接触。让我们找出那好象你一样能够明白这个生意潜力的人，然后联系他们，好不好？

3．深入的思考：有这样反对意见的人，是因为还不清楚生意计划的理念。重要的是：利润来自她自己和她的团队的产品使用量。她将这个产品理念推广给她的朋友们，让流通量增加，因此，利润来自生产企业，而非来自加入她的生意的朋友。

每个独立生意拥有人做这个生意，都有自己的激励因素。我们只需要专注于能够激励他们朋友的事情。要记住：假如你的推荐对象只找到一个人加入的话，他是不会赚到钱的，只有建立足够的团队才会带来利润。在我们的生意里，你是不可能赚你朋友的钱，除非你持续地不断地建立网络，建立自己的生意，协助你的朋友们赚取额外收入。

推荐对象也需要知道，她的朋友们已经是消费者，和她一样，已经在进行着建立这个生意的大部分的事情。当我们介绍“生产消费者”这个理念时，她的朋友们会感激你把这个生意而介绍给他们而令他们获得税务优惠，赚取不封顶的收入。

疑问5：我做不了你所做的事情，我不像你那么能干。

1. 以问题回应疑问：让我们找出你做得好的事情，然后大家一起合作，好吗？

2. 简易的回答：如果我们一起工作，我们的培训系统将会教你要做的事情。其实，你已经在做很多能使你成功的事情……你只不过还没有成为一个“生产消费者”，来获得那些好处。

3. 深入的思考：在这个生意里，每件事情都可以学习。我们有着一个非常棒的培训系统，提供书本、录音带、聚会等，推荐对象只需要参加培训系统提供的学习计划，便能学会所需的知识。建立生意的技能是通过经常练习而学会的。开始的时候你做得糟糕没有关系，不过，一切都会熟能生巧的。

更好的地方是，你的推荐对象能够利用你的生意技巧去协助他工作，不是更好吗？我会和你一同工作，我跟你接触的其中一个原因，是有些事情我做不好、而你却做得很出色。我觉得我们可以相辅相成。我精于讲解计划，但我不一定具有你所具有的说服力。我就没有你那样注意细节，这样才是团队运作！你要找出推荐对象的优点和他担忧的根源，然后告诉他、你们将会用团队形式去工作。

这个疑问的重点是要向推荐对象保证，他不会单枪匹马建立这个生意，他有潜能去学习这些使他得以成功的技巧。事实上，通过其他团队成员的经验，他已经拥有了大部分他所需要的生意技巧——他只是还没有学会去应用而已。

关于这点，我最喜欢引用德兰修女的一句话："我能你所不能，而你能我所不能，我俩合作必能成就大事！"

疑问 6：我是单身，能建立这个生意吗？

1. 以问题回应疑问：你认为做这个生意能够成功的一定是夫妇吗？

2. 简易的回答：无论家庭成员的结构如何，这个生意可以让每个家庭受惠。发展这个生意的人来自不同背景，任何人都可以做成。

3. 深入的思考：有时候推荐对象参加了一个聚会，看见很多夫妇在台上，让他们有一个印象，以为要结了婚的人才能成功。当越来越多单身人士取得成功，对方的疑虑就会降低。也许你的推荐对象应该认识一些单身的成功生意人。

有时候我会问推荐对象："你愿意全部的钱都归自己，还是希望和他人分享？"对方听了后通常都会开怀大笑，但是他肯定听懂了我的意思。

单身人士遇到的一个真实现象是，由于他们的积极向上和专注于事业，为达到自己的目标及梦想努力，他们很容易吸引异性而成婚。他们不会保持单身很长时间的。但你当然可以单身建立这个生意！

无论你是单身男女、年轻夫妇、退休夫妇、有小孩子的夫妇、没有孩子的夫妇，任何人都可以建立这个生意，并且把生意与他们的处事作风和生活方向和谐地融为一体。只要你消费那些人们重复消耗的日常消费品，同时认识其他做同样事情的其他人，你也可以建立这个生意。

疑问7：我必须要放弃朋友吗？

1. 以问题回应疑问：你愿意你的朋友们加入吗？

2. 简易的回答：当然不用啦！不过，随着你理解这个生意越多，你越想你的朋友加入。对于你那些不感兴趣的朋友，那好极了，反正我们不想每个人都做；我们只想找一些喜欢从自己生意中赚取利润的人。

3. 深入的思考：我们希望你介绍加入这个机会的人，都拥有充满进取心的朋友圈子。我们会希望他们愿意参与；事实上，我们这个"消费生产"的理念，是为加入生意的消费者带来利润。你的推荐对象的所有朋友都会消费日用品。他们会愿意从这些消费额上赚取利润，并因为拥有这个居家生意而获得税务优惠。所以，每个人都是合格的加入者，我当然更希望和熟识的朋友一同建立，总比和陌生人合作更好。

你是独立生意拥有人（IBO），你可以选择朋友。要选择哪些人和你交往，这完全由你来掌控。我不认为他选择不参加对你们之间的友谊会有什么影响。朋友未必如你一样认同这个生意或愿意直接参与，但是这不应该影响你们的友情。要注意，能够影响你们友谊的是你和他们接触时所持的态度。本书会教你如何和他人接触，你也可以学会以后再教他人，要大方一点！让我们这个生意为你辩护吧！

◎ 什么——这到底是什么？

疑问8：到底这是什么？

1. 以问题回应疑问：这是________________（你设计的行业用语）。你对此熟悉吗？

2. 简易的回答：这是一个全新的事业，专门为互联网而设。我是在家里运作生意的企业家的其中一名成员，专门负责培训________________。你对此熟悉吗？

3. 深入的思考：简单来说，我们是"生产消费者"——是建立生意赚钱的消费者。我们应尽量用自然及易于理解的方法去处理这个疑问，要寻找这些疑问的根本所在，要问自己推荐对象为什么要提这样的问题，千万不要抗拒“反对意见”。通常。新人真诚地想从你的生意计划和生意概念中了解更多的信息，但众所周知，这个生意理念很难单凭三言两语便能够解释清楚。所以，在这里，我们的系统准备了一些“工具”——录音带、录像光盘、手册以及图书等。能够真正帮助新独立生意人走上成功之路。这些工具能给予推荐对象足够信息和信心，避免他们制造一些无知的意见。

我们问：“你对此熟悉吗？”很可能回答是“不熟悉！”无论回答是什么，熟悉也好，不熟悉也好，你的回应是：“太好了！让我们一起详细探讨一下吧！”在众多疑问之中，这个问题将是最常见的。

这个问题比任何其它问题更经常被提出，一定要时刻做好准备，做到胸有成竹。请参考第二章“谈话原则7”，获取更多信息。

疑问9：你能否更详细地告诉我？

1．以问题回应疑问：绝对可以！我已为你准备了一些资料，可以借给你。这个星期，你哪几个晚上是已经有安排的了？

2．简易的回答：绝对可以！我已为你准备好了一些资料，可以借给你了解。

或者：绝对可以！我已安排了一位专家在星期四晚上来到我家，详细分享这个生意计划。

3．深入的思考：关键的回答语句是“绝对可以！”这样的回应给予推荐对象一个肯定的说法，你会愿意也有能力将整个生意理念作一个透彻的解释，这表明你不是在回避或者躲开对方的进一步了解。

如果对方提问：“你能否在我们见面前更详细地告诉我？”这类的疑问，你要理解这是一个非常自然的反应，但不能在电话中谈，一定要见面，要有专门的时间。你可以说：“你真会开玩笑，我不能在电话里给你理发啊！”语气要轻松，如果你回答不坚决或找借口，只会让你的推荐对象产生更多疑心。

就像前一个问题“这是什么”那样，要更好地回答这个问题，可参考第二章谈话原则第 7 点的内容。

疑问 10：这是安利吗？

1．以问题解答疑问：不是安利，不过你对安利这类型的公司有什么了解吗？

2．简易的回答：这是我们自己的生意，我们的产品供应公司和安利及其它 200 多家公司有着合作伙伴的关系。

3．深入的思考：很多人都用“安利”作为对多层次销售行业的同义简称，对于很多人来说，安利也等同康宝莱、雅芳等公司，因为安利一直在这个行业处于领导地位。

你对于这类疑问的回答，要根据他们如何回答你

的问题而定。假如你以为对方话语比较消极的话，你便犯了过于武断的错误。提出这些疑问的人对安利公司有一种先入为主的想法而已，你需要找出他为什么会这样想。

问题本身可能意味着推荐对象给他的思维“定调子”，成年人学习时倾向于把新事物与过去的知识相联系，新概念使人感到心慌，我们需要将其分类，或对该理念加以判断，然后在我们的脑海中把它储存在适当位置。

这个问题可能是人们想了解安利和我们生意之间的关系，要求更多的讯息。我经常解释，我们的生意团队带领着这个行业。生产消费者是建立用生意赚钱的消费者。我们所消耗的产品由安利公司生产和提供。它是生产商，也负责市场推广、物流管理和产品的开发等运作。我们共同配合，建立我们的独立生意。

疑问11：这是否是一个网络直销生意？

1. 以问题回应疑问：你对网络营销有什么经历吗？

2．简易的回答：这个是特别为互联网设计的新兴事业。这儿有一个靠人际推荐构成的叫做"合作营销方案"，大企业如沃尔玛、美国航空公司和亚马逊网站，都在使用这种合作方案。

3．深入的思考：你要将疑问置于正确的范围，然后才能给予他们正确的内容。你可以说："网络营销，似乎你很熟悉这个行业。"或者说："你对于网络直销有多少认识呢？"只要你听清楚他们在想什么，你便能够正确地处理疑问。

我们这个行业是从八十年代的网络营销概念伸延出来的，今天，更贴切的用词为"合作商务方案"或"系统消费商方案"。安利其实是一家巨大的联营机构，独立生意拥有人，会因为自己及其带动的小组所购买的营业额获得酬金。此外，我们通过录音带、书本及培训聚会等工具，教导组织内的伙伴复制这个生意系统。

要注意：这种疑问还会以另一种"多层次市场经营"的形式提出。回答是，因为这是世界上最成功的生意架构。我们是完全合法的生意，我们也严格遵守相关政府的文件。那些多层次的非法传销与我们的生意毫不相干。我们的优势在于能够重整在市场上的地位，可以和其它有名气的企业如沃尔玛、美国航空公司和亚马逊网站等相提并论。消费者可以从购物额中获得酬金。

疑问12：我看这似乎是金字塔（非法层压式）推销。

1．以问题回应疑问：你对金字塔式推销如何理解？你很熟悉它吗？

2．简易的回答：大部分常见的生意模式都有等级制度的存在。警察部门、学校、教会、IBM公司和可口可乐等机构都是设有等级制度的例子。我们的生意有相同的制度，也十分合情合理合法。

3．深入的思考：我会以不同的工作群体或小组去解释这个生意。如果推荐对象质疑这是不是金字塔，他们充满怀疑，他也许对我们营销计划的推荐方式抱着消极的态度，在这里，“金字塔”这个词，是带有非法的含义，我们必须明确地消除它。我们的生意不是非法的勾当。

然而大部分常见的生意模式都有金字塔般形式。比如说，政府部门、教会、警察部门、教育系统等，全都有类似金字塔模式。在金字塔结构里，你是不能跨越等级在你之上的人的。可是在我们的方案里，你却可以无限制地向上发展，你的收入可以比你的上级高。事实上，明天才加入生意的人，如果他努力工作和能力强，最终可能超越我们现在的最高收入者！

1979年，美国联邦贸易局曾对这类生意营销计划的合法性作出裁决。这个生意是完全合法的，我们的生意不需要一些巨大的入门费用或投资，也不用囤积产品，更不需要你去“拉人头”。在这个生意里，除非你产品成功出售或被使用，否则，你就不会得到酬金。如果你和你的团队销售量小，你也得不到酬金。它也不会因为纯粹招募人头加入而付给你奖金。我们不会要求任何人储存及维持昂贵的存货，也不设最低订货额，这点与消费者在商店买东西完全一样，而且非常自然。

另外，我们的公司和系统还和世界知名的品牌企业如微软、IBM、Office Max（北美办公室文仪集团）、松下、通用电器、Ralph Lauren（名牌服饰）、索尼、Proctor—Silex（北美小家电集团）以及家乐氏（全球最大粟米片制造商）等等联盟经营，在我们的网上超市里销售他们的产品，这个事实会让推荐对象更为放心。

◎ 何时——我何时才会成功?

疑问 13：我实在太忙，我无暇再做其它事情了。

1．以问题回应疑问：假如这件事在经济上的回报非常可观，你能否抽一点时间来了解呢？

2．简易的回答：我明白你的感受，当初我也有同感。时间对每个人来讲都是不够的，关键看你觉得什么事情重要。可是，我发觉许多成功人士，当初时间都不多，只是因为他们觉得这个生意的回报值得投入时间，便重新安排时间的优先次序，腾出时间去发展这个生意。

3. 深入的思考：另一个类似的疑问是，“这需要多少时间呢？”这样的提问其实是比较正面的，但是，你对两种疑问的回答仍旧可以一样。

这个生意所需的时间要根据目标的大小而定。你可每个星期付出数小时，也可以一天内付出数小时，要看你想追求的东西而定。投资时间也是投资，这有点像播种。播的种子越多，谷物的收成也会越多地倍增。你愿意为你的未来投资多少时间呢？你可以自己作出决定。

5年之后，你会拥有更多时间吗？我们希望为你提供一个途径，希望你能够脱离工作生涯，我们希望你以此为你的事业，选择它作为你的终生职业，最终能够获得时间自由。如果仅仅为一份工作额外付出时间，是没有任何价值的。要让时间为你工作。

像我们这样的团队和系统，在类似生意中有着最佳的优势，你可以利用系统资源杠杆自己和你团队成员的时间。活跃的团队成员能帮助推荐对象去做电话邀约、讲计划等等事情。假如他真的是非常忙碌，我会这么说：“你把人际网络资源与我的时间和经验配合起来，我想我们可以共同赚更多的钱。”

对于自己想做的事情，人们肯定会腾出时间去做的。提出这个疑问，他们真正想表达的是：“你还没有说服我，让我觉得这个机会是值得我去做的；又或者，请你说服我，让我信服，它的回报大得足够让我把时间优先放在这儿，而不是放在其他事情上。”

所以，你要建立他们的梦想，让他们觉得这个生意是值得做的。

疑问14：这个市场不是早已饱和了吗？

1．以问题回应疑问：让市场饱和是我们的目标。你希望你的市场占有率是多少？

2．简易的回答：（在北美）参与这个生意的人，还不到1%，我们生意的增长甚至追不上人口出生率，怎能说市场饱和了呢？

3. 深入的思考：现在，市场饱和不是我们所顾虑的，这反而是我们追求的目标！我们真的需要为更多的人带来新的机会，也给自己带来机会。现在，美国的独立生意人约有700,000人，仅占全国人口约0.25%，加拿大的IBO约100,000人，占加国人口0.33%。以这样的比率而言，距离饱和状态还远着呢！从全世界的角度看，就更不可能饱和了，比如中国有13亿人。我们的目标，是要将参加生意的人数提高至北美人口的10% 到 20%！

推荐对象对市场饱和的顾虑，其实是代表着他们担心找不到人加入。这儿有些简单的数字作为例子：有一个独立生意人企业，假如，你的三个下级组织都有约100人，每月每人使用100分营业额的产品，也就是说总数300人，在使用产品，这样就会创造大约75,000美元的年收入。要赚取稳固的收入，你真的只需要找到几个能干的人，建立一个良好的生意结构便已足够。

令人兴奋的是，每一天年满18岁的人数，即有资格参加这个创造未来的生意的人数越来越多了，这个数字比每月新参加这个行业的人数还更要多，我们距离饱和还相当遥远！这样的增长率显示我们永远不会饱和！

◎ 何处——我能在何处做这个生意？

疑问15：我必须参加所有聚会吗？

1. 以问题回应疑问：你对这些聚会有什么感觉吗？你觉得这些聚会不好吗？

2. 简易的回答：不一定，你想怎样做都行，因为这是你的生意。你可以做你想做的任何事情，你在为自己做事，对自己负责。不过，任何新的尝试，若要成功的话，都需要培训、团队合作以及与成功者的交往。我们利用聚会作为办公地点，以便你能取得最新的信息，可以和你的支持团队紧密联系。一段时间以后，你可以带领新人来到聚会，让他们能得到相同的视角，节省你的时间。

3. 深入的思考：这个疑问说明，开始的时候，推荐对象在考虑有关时间的承诺，以及她能否每周都参加业务讲座。她不明白，其实聚会的作用是一个培训基地，是一个信息聚集地，也是一个办公地点。当她起步时，她从录音带及书本里取得很多信息。随着时间推移，她将发现聚会可以给她带来更高层次的远景，让她看到如何成功地建立生意。

聚会其实是最有效运用时间的方法。她可以认识新朋友，和其他团队成员建立友谊，以及订立更深层的聚会以展开工作等。她可以观察她的支持团队，看看他们如何将焦点集中在跟进人们上面；她也可以学会讲解生意计划的新技巧。

我经常说："你只需要付出一份三文治的价钱，你便可以租赁整个办公空间，并雇用了整支顾问团队来培训你和你的团队！"

那些聚会是协助其他人看到你所看见的东西的一种途径。我们带领新朋友来参加在酒店举行的公开业务讲解，希望他们能见到成功人士和捕捉到一大群由于专注于共同目标而感到异常兴奋的人。这种兴奋是金钱买不到的，但是它却对你的生意价值连城。

另外，我们也不要忘记与成功人士交往的威力。这些聚会为思想相近的人们创造了一个交往的环境，一些积极、专注、兴奋和充满希望的人，去感染和带动更多的人。研究发现，具有强烈态度的人，只需要三十秒便能够将该种态度感染他人！我们希望可以和心态良好的朋友交往，这对你的成长非常重要。

关于这个问题，有人会用稍微不同的形式提问："我懂得自我激励，我不需要参加聚会。"面对这个类似的疑问，可以如此回应："我知道你做事很有自觉性，所以我才跟你接触；聚会的设计，就像是你的办公室和一个培训场所，为你介绍的新人提供训练，聚会其实是你巧妙运用时间的方法。"

激励是发自内心的。大部分人之所以缺乏成就，是因为他们没有机会身处于一种积极的环境当中，这里有积极思维的人、有着充满盼望的人鼓励他们去实现梦想；我们必须创造这样充实的环境，协助他们发挥让他们能够成功的内在素质。聚会和讲座的目的，是为了改变那些工作和生活在消极、负面环境里的人。

即使你的推荐对象是个自动自觉的行动者，他也具有积极的环境，可以让他保持兴奋，可是他要推荐加入生意的人却未必也是这样。事实上，大部分对这个生意感兴趣的人，都没有处在正面积极的环境中，这正是他们要在生命里去寻找更多支持的主要原因。

最后，推荐对象终究会明白，聚会是为新人而设的，也是为那些需要新人加入他们团队的人而设的。

疑问16：我居住在市中心，这些生意不是最适合在郊区地方发展吗？

1．以问题回应疑问：你认为这种生意不可能在大城市的环境中成功吗？

2．简易的回答：不论在纽约市或者爱达荷州的一个农村乡镇，我们都看到成功的例子。人们的成长和兴奋更多是由领导力所带动的，而不是受气候或人口分布所影响。我找你的原因是因为我觉得你具有领导力的特质，有能力在（他们所在的地区）建立一个强大的生意。

3．深入的思考：无论你身处何方，你都能够建立这个生意。简单列举几个例子，成功人士在任何地方，都会成功，比如：波多黎各、夏威夷、加里福尼亚以及纽约等等，在亚洲的中国，非洲的南非都有成功的例证。

再用另一角度看：两个人都买了健身单车，一人成功地减了重，另一位则失败，是否健身单车有区别呢？当然不是——那位减重成功的人正确使用了单车，另一位则没有使用——这个生意也是一样。这是一个你可以在任何地方发展、教导、复制的生意，无论在什么环境下，只要你和别人分享就可以了！

你或许会遇上这样的发问："我下一个月便要搬迁到美国的另一端，我能在当地建立这个生意吗？"请记住：你可以在北美的任何地区建立生意，也可以在全世界任何地方建立生意。

◎ 为什么——为什么我要做这个生意呢？

疑问 17：我真的不喜欢这么刺激的活动。

1．以问题回应疑问：我明白。那么，你觉得教育和激励的环境如何呢？

2．简易的回答：这正是这个生意最漂亮的地方——每种不同性格的人均能找到适合自己的东西，找到让他们兴奋的东西。这是一个教育和学习的生意，为了使学习更有趣味，我们不把教育和培训安排于毫无生气的环境中。我希望你不要把我们如此兴奋误解为在做不诚实的刺激活动。

3. 深入的思考：每个人对于成为生意拥有者的这个决定，都必须要有一个良好的感受。但有时候，他们的理解可能有问题。我们需要创造一种令人兴奋的气氛，以维持他们在生意上的热诚。有人将"激励"与"不诚恳"混淆起来，我们必须要明白人们有各种不同的反应。

当人们在生命里追求财务自由和梦想时候，通常人们正在人生中经历重大的改变。这个时候，人们要将那份热情加以掩盖是十分困难的。对于别人因为生意而所表露出的兴奋心情，我们要理解，要避免让他们觉得有被冒犯的感觉。

有时候，推荐对象的评价，和他们本身的性格有关；性格外向的人很可能喜欢所有的兴奋感觉，他们开朗、活泼，生活多姿多彩；细心的人会比较沉静、内向，会对这个生意作细心分析。对于这种心思缜密的人，感觉是不太重要的。如果你了解提出疑问的人属于何种性格，你可以运用满足对方需要的方式回应，不要让他们的性格类型阻碍他们去获得这个真正的生意机会。

把“刺激”这个词改为“兴奋”。充满激励的环境本来就有兴奋感觉。情绪是有感染力的，人们的决定往往很情绪化，而非逻辑性的。身处于一个充满激励的环境内，人们会作出决定和承诺，去为自己和家人建立将来。虽然某些推荐对象认为无需如此兴奋，但是，在这个生意里，他们一定会遇上需要兴奋的人。

疑问18：这好像有点物质主义。

1. 以问题回应疑问：假如你因为勤奋工作而非常富有，你会如何打理财富呢？

2. 简易的回答：从生意上获得合法的物质成就，是一件好事请，与拜金主义和物质主义没有什么关系，是两个不同的概念。在这个生意里，大部分成功往往体现在人们的个人成长和生活素质上。当你建立起你的生意，并开始拥有持续的收入，你可以选择如何花掉这些收入，其方式完全由你决定。

3. 深入的思考：似乎这位推荐对象已丧失了梦想的

能力，也失去了对未来成就的盼望。我们需要允许他去计划在将来做更多事情。大部分谈论物质主义的人，都没有选择能力，无法决定他们的钱可以花在哪里。

在现实中，我们想做的每一件事情都牵涉到金钱，哪怕是"最不像"物质主义的事情。如果你有足够的钱，你便能够帮助很多人！你可以捐赠金钱给予博物馆或展览馆。你可以资助传教士到外地，或者自己成为一个传教士。你可以环游世界，赞助某个奖学金，支持某些医疗研究工作。只要有足够的资源，你能够办得到的事情是无穷无尽的。当你已经拥有生活所需后，钱就变得无关紧要，这个时候，它成为了慈善公益的一种工具。

想一想首要的激励因素，问你的推荐对象："是什么原因驱使你考虑做这个生意呢？"你的首要激励因素是什么？假如不为金钱，不为物质，那你是因为什么而考虑这个生意呢？是否是为了个人及专业的发展？还是遗留些产业给下一代？帮助他人？不幸的是，某些人只是用物质来界定成功，真正的成功远远超越了物质。如果你去给人谈一个"非物质"的生意，相信的人会非常罕见。假如我们不以“物质”来证实财富确实是可以得到的，人们便不相信这个生意是可行的了。

疑问19：我做这个生意成功的机会有多大？

1．以问题回应疑问：没有这个生意，你成功的机会有多大？

2．简易的回答：发展这个独立生意，任何人成功的机会都是均等的。我们生意的结构是为每一个人提供公平的发展机会而设立的。你成功的机会直接和你的坚持及学习意愿成正比。

3．深入的思考：提出这样疑问的推荐对象，其实是希望你告诉他这个生意他是做得来的。他在寻找别人对他的信心，并不是真的想知道平均法则或指定答案。如果你回应时用“我认为……”的态度，“我认为你做这个生意会了不起”；“我认为我们可以共同建立一个庞大的生意”，你会帮助他培养一个强烈的承诺。让他感受到有了你的支持，他成功的机会会大大提高。

仅仅关注机会率或平均数，是一件很危险的事情。95%的人都属平庸，只有5%的人才是不平凡的，他们在生命里获得成功。这个生意只需要几百元就能展工，2～5年以后，就有可能赚取百万，让你获得财务自由。你的推荐对象还有了一支了不起的支持团队，他们不但懂得如何建立成功的生意，也承诺协助推荐对象取得成功。

成功的人永远都是少数。在商业社会里、在运动场上都是如此。奥运会中，我们已经见过不少例证；关键在于决心、坚持，还有远景和信念。生命就是在克服各种挑战。你相信你的推荐对象，他就会相信自己！

疑问 20：我的亲朋好友不会认同的。

1. 以问题回应疑问：你曾经和你的家人经历过这种情况吗？有什么事发生呢？

2. 简易的回答：我会非常乐意专业地去讲解这个概念给他们听，也许当他们看到的东西和你的一样的时候，他们会有不同的感觉。

3. 深入的思考：也许这个推荐对象曾经多次尝试改善他的生活方式，但没有获得成功。他们的家庭成员，包括配偶，会让尝试过但失败的他觉得难堪，而家人的意见对我们非常重要。我们经常以别人的眼光去看自己。

如果一个人的家庭和朋友都不认同这个生意，可能是因为他做了一些他们不认同的事情。我们每个人都有自由意愿，有选择能力。我们也许需要别人理解，但我们不一定要他们认同。

要不要结婚，我们不会问邻居；要不要生孩子，我们也不会问我们的父母；你的亲友不会替你的家庭支付开支；他们的意见不能决定你做什么事情，或你在哪里工作，或决定你有什么爱好。只有你自己才能为你的决定负责任。

有时候，缺乏别人的认同是因为你对生意概念有误解。假如他的亲属或朋友看到同样计划的讲解，也许他们会更清楚理解我们的生意概念，而更支持推荐对象发展生意。

你要确保推荐对象做好他的“功课”，让他明白到底正在参与什么。这是个卓越的主意，我们这个生意是即将来临的大趋势——这个趋势正在开始！我们相信这个事实，我们需要给予推荐对象肯定，让他也相信这个事实。

疑问21：我对此不感兴趣。

1．以问题回应疑问：谢谢你的坦率。你是对哪部分不感兴趣呢？

2．简易的回答：第1点：谢谢你的坦率。让我问你一些问题：你能抽20分钟的时间更多了解一下你究竟在拒绝什么吗？它绝对有可能会给你带来比较好的利润。

第2点：我希望在本月底前组织好我的团队。你认识一些抱着开放态度的朋友吗？他们是否想利用业余时间在家中运作一个可以赚钱的生意？

3．深入的思考：对这个疑问的回应，要看对方是在什么时候提出——是在讲计划前还是后。假如推荐对象在看完整个计划后这样表示，这就不成问题了，暂且放下，找下一个。继续和其他人讲解计划，让平均数法则在你身上发挥作用。比如你找100个人，总有80个人会拒绝，这是正常的。不过，要紧的是切记问他能否推荐其他朋友给你，或者问他是否愿意成为你的客户或购物会员。

假如你还没有讲解计划便听到这个反对意见的话，不论何种理由，他们只是不愿意了解新事物罢了。他们也许有着另一些反对意见——太忙碌了、害怕失败等等——这些我们已经提及过了。因此，他们选择完全不想听，免得冒任何风险。你可以告诉他们，人生必须要尝试，要冒风险，如果你不愿意，可能会错过一些改变命运的信息。

我们只能围绕着人的四个主要激励因素——时间、金钱、保障和抉择——去回应问题。你对哪些东西不感到兴趣呢？如果可以满足你足够多的金钱需要，你会感兴趣吗？如果产品和服务可以送到你家，你有兴趣购买吗？如果有一个支持团队帮助你在这个生意里成功，你感兴趣吗？如果能够让你在个人及专业方面有所成长，让你享受弹性时间和自由，你是否就会感兴趣呢？

我们要尝试让他明确在哪些方面不感兴趣。他们的回答可以给你一个机会去了解他，然后作出适合的回应。记住，要运用主要激励因素和理想生意的好处来说服他。到最后，你的推荐对象总要明确他究竟在什么地方有所抗拒，然后你就可以把他引导去寻找合适的答案。

对还未见过的东西不感到兴趣，这是不可能的。看过以后不感兴趣，这是有可能发生的，所以我们要利用广告作筛选的工具，我们找出推荐对象属于哪个类别，然后适当地作出回应。

疑问22：你赚了多少钱呢？

1. 以问题回应疑问：你想赚多少钱呢？

2. 简易的回答：我所赚的钱和我努力程度相符。我个人的目标是赚取________元，不过我可以让你认识我们团队中的一些优秀成员，他们已赚到六位数字的收入！你不比他们差。

3．深入的思考：要回答这类问题，我们经常会美化事实。但是，我认为要说实话，当你说："我一个月赚到200美元。我才刚刚起步。"或者"我一个月赚1000美元左右。"这样说并没有什么不妥。

这里有着普遍性的回答，任何人都可以用它来确定自己的姿态：

"以我投入的工作量和精力来说，我很满意这个收入。"

"赚到的收入足以令我维持对这个生意的兴趣。"

"我现在正接受培训，我有一个计划，将来我赚到的钱，可以取代我的全职收入。"

不要误会，我不想你们说谎、夸张或操纵他人！假如他们问你赚多少钱时，你可以说："我所赚的钱和我努力程度相符，上个月我赚到63美元。好消息是：我正专注于赚到6,000美元的目标，我清楚地知道我需要做什么事情便会成功。我的收入取决于我的生意结构的宽度和深度。这个生意所赚取的收入是直接和生意架构有关的。我愿意详尽地给你解释。”

假如他们问你推荐了多少人加入，你要坦率地告诉他们。假如你已参加了几年，不过最近才认真开始发展的话，你这么说会比较合适：“我现在才刚刚起步，但是我已经推荐了两个人。”如果你对人们说谎，他们总会知道的。你的推荐对象会欣赏你的坦诚，这样才有可能相信你讲的任何话！

疑问23：做这个生意会影响我的失业保障／社会保障金吗？

1．以问题回应疑问：你的失业保障金是否足以达到你想过的生活方式？

2．简易的回答：我肯定你不是主动选择领取失业保障和社会援助金的。我很想协助你赚取更多额外收入，直到你不需要那些援助金额为止。

3. 深入的思考：这个推荐对象的主要激励因素是“安全”。他需要知道他目前的收入不会因为参加了新的生意而减少。在心理学家马斯洛著名的“需求金字塔”内，他是处于最底层的，只求生存的需要。有时候我们以为失业或社会援助是人们的抉择，也许他们真的这么想。可是，事实通常是，领取援助金会渐渐成为令人不能自拔的陷阱。

靠任何社会援助金生活会使人感到非常消极。我们要让推荐对象明白，成为独立生意拥有人，是脱离这种绝望境况的出路！他正在尝试摆脱失业的威胁，政府是不会因为他创业赚钱而惩罚他的。真希望他越赚越多，以致他根本就不需要失业保障。我们的目标是协助他重新建立自尊和自信，掌管自己的生命和自己的将来。

我们希望能帮助推荐对象建立足够的技巧，使他不再失业。事实上，他将会有足够能力找到新的事业，并因为学得新技巧而成功。我们相信，参加我们的个人／专业发展计划的人，他们的生命会因此获得提升，无论他们来自任何一种背景。

疑问24：我曾经看过这个生意了。

1．以问题回应疑问：你以前看过的生意是什么样子的？

2．简易的回答：我也和你一样。不过，我从来未看见过在这个行业里如此优秀的团队，可以如此专业地赚钱，他们有许多方法可以让你成功。

3．深入的思考：你的回应要根据在什么时间听到这样的疑问而定，在讲计划之前还是讲计划之后。如果我在讲解前听到这样的话，我的直觉会这样想："你还没从我的口中听过，就根本不算听过！"我不会经常这样说，因为这有点恐吓或无礼。我们要从这种疑问出发，向推荐对象提出一些问题，以便了解她真实的想法。她是否以前听过这个计划，却作出了拒绝？是否她有兴趣，不过时机却不正确？她什么时候接触到这个计划的？有没有什么不同呢？

如果你在讲解计划后听到这个问题的话，你说：

“太好了！你最喜欢的是哪一点呢？”通过专注于他所喜欢的事情，我们就能够强调我们这个团队的特殊优势。这个推荐对象能看到一些活生生的和持续的证据，明白到时至今日，这个生意仍在不断改变进步中。

无论她的反应是什么，可能她现在看到的，和她很久以前所看到的大有不同；也可能是她曾经看到过类似的事情，却不是我们的计划。无论回应是什么，你都应该把推荐对象最喜欢的东西当作你下一步要讨论的专注点。

疑问25：现在我买不起这些东西。

1. 以问题回应疑问：与此同时，我们何不开始为你展开培训，让你可以省下一点钱去起步，这样好吗？

2. 简易的回答：你不一定要有一个IBO编号才能起步学习这个生意。如果你觉得这是你愿意做的事情，我们何不将这个计划给你认识的两位朋友分享呢？让我们一起尝试开始这个生意，像驾驶一辆新车试验它的性能那样，然后才正式加入。

3.深入的思考：我们要将专注点放在这个人要参加生意的原因上面。古语有云："有心就有路。"你可在此应用。假如推荐对象有一个足够强烈的原因参加这个生意，他会找到方法去做到的。我们要为他建造一个团队。

有趣的是，我们总是可以找到足够的钱，去做我们想做的事情，或者去处理生命里突发的紧急事情——这个人真正要说的是：他没有足够的信念，相信自己有能力在此生意取得成功，因此不想重新安排他财务上的优先顺序去做这个生意。

所以我们要帮助他培养在这个生意的成功感受。我会说："我们可以这样做：让我们尝试开开这辆新车。假如你确实遇到一些感到兴趣的人，我们可以重新评估一下，到底你值不值得去花这些钱。给这个生意一个考验吧！"如果他找到三个感兴趣的朋友加入，你会很惊讶地发现，他一定会重新安排财务上的优先顺序。每个人都有这些钱，问题在于他们能不能专注于这个生意！

疑问26：很久以前我做过类似的生意，这和以前的有什么不同？

1. 以问题回应疑问：那时候你最喜欢的概念是什么？

2. 简易的回答：所有的地方都不同了！电子商务和虚拟办公室的创立，让所有事情都不一样，整个概念已全面革新。我们现已成为一种最尖端的新事业一分子，开始席卷北美地区，甚至全世界。

3. 深入的思考：这位推荐对象将会对你给她讲解的生意计划感到非常兴奋！这个生意自从于90年代末启动以来，已是一个全新的行业。简单地说："每件事情都不同！"就使用这个回答吧！

这是完全和过去不一样的生意模式，和推荐对象所认识的不同，它有更广阔的产品线，更多的联盟公司和更专业的培训系统，创新的方面不胜枚举。

我们的生意模式有着崭新的定义，这成为与过去生意截然不同的重要关键。它简化了运作整个家居生意的程序，独立生意拥有者可以专心于三件事情上：1.向他拥有的店铺购物，并得到送货至指定地点的服务；2.透过产品在他生意内的流通，赚取利益；3.推荐并介绍这个概念给别人。

有什么不同？所有事情都与过去不同了！

疑问27：我现在正参与或考虑参加其它公司，因为我认识的那些朋友在那里做得不错。

1. 以问题回应疑问：我理解。你究竟出于什么根本考虑而作出决定？

2. 简易的回答：你希望通过建立自己的生意去成就些什么事情呢？让我给你有关这个概念的足够信息，以便你可以充分比较两者，然后你就可以在信息充足的情况下为你的未来作决定。

3. 深入的思考：这个人是在寻找机会。他符合了你的理想生意伙伴人选的全部要求！不过，由于他朋友的关系，他也对另一个类似的生意机会有着强烈兴趣。

我们生意运作的基础是“人际关系营销”。人们忠诚于惠顾某些机构或服务，是因为他们和服务提供者有着感情纽带。百货店内坐在柜台后面的店员；经常在脸上挂着笑容的银行出纳员；经常问候你家人的速递员等。要一位正在寻找机会、想和朋友共同发展某个生意的人转移目标，你更加需要一个强烈的理由。

想一想你目前的状况。你拥有世界上最佳的生意机会，你会不会放弃它而转投另一个营销公司呢？

对于这个推荐对象，最佳做法是鼓励他去做一些调查研究，并建议他参加下一个聚会，认识其他人。当他的研究越深入，越了解更多团队成员，他会更有自信，这会提高他成功的可能性。推荐对象不会加入我们的生意，除非他相信这个机会比他的朋友所建议的更佳。

◎ 如何——我如何在这个生意取得成功?

疑问 28：我要卖东西吗?

1．以问题回应疑问：你喜欢卖东西吗?

2．简易的回答．其实我们每个人都在销售，是的，你要卖东西的，你将会爱上这个生意的！不，你不用卖东西也会爱上这个生意的！

3．深入的思考：我们是"赚取收入的消费者"——生产消费者。我们从自己的店铺里购物，从购物里得到利润，然后告诉他人这个生意概念如何了不起！总的来说，我们是在销售生意概念和产品。

世界上部分人都不喜欢做销售。每个人都不喜欢销售和被销售。为什么呢？因为我们都害怕被拒绝，也害怕拒绝别人。正因为如此，这本书就大派用场了！如果你能够勤于练习这些问题和回应，你把问题背后的情绪因素剔除，就会在回应对方疑问时显得自然和有信心。

可是，在这个阶段，推荐对象还没有信心，她可能因为要应付一些她不舒服的东西而犹豫不决，我们需要向她保证，我们生意的主要活动并非是销售产品，至少不是她自己以为的那种销售行为。

事实上，我们日常生活和工作，都充满着销售的行为，当我们向别人推荐一部好电影或一家好餐厅时，我们其实正在做销售的工作，凭着自己推荐的意见，把该电影和餐厅“卖”给了其他人，这是我们做的销售工作。销售是我们一生在做的事情。

如果我相信某些事情，并取得某种程度的成就，很兴奋地和别人谈论这件事情，这样做算是销售吗？

疑问29：我这样做和我的老板有利益冲突吗？

1. 以问题回应疑问：这怎么会有利益冲突呢？

2. 简易的回答：让我们找出生意哪一部分存在利益冲突，然后针对性地解决它。

3. 深入的思考：毫无疑问，我们生意里的一些活动，可能会构成推荐对象与他的雇主之间的利益冲突。比方说，推荐对象是某维他命和草本食品生产商的雇员。参加了生意后，如果要他推广另一家竞争品牌的产品，可能会造成利益冲突。另外时间上也有冲突，这是没有办法的。

其中一个解决方法，是用她配偶的名义来发展这个生意。

有些公司对于客户名单的保密是十分严谨的。这个我们对此没有异议，因为，我们不建议在工作时间内进行生意活动。从保障客户的角度来看顾客名单也是“神圣不可侵犯”，这点可以理解的。

很多保险从业员都被警告，他们不能拥有其它非保险收入来源，因为这可能带来利益冲突。假设保险从业人员拜访客户，他／她已经建立了信任。如果他这样告诉保险对象：“你如果对保险不感兴趣，何不考虑另一件事情？”我认为这是绝对缺乏诚信的表现。如果公司规定他们不能联络客户，那就不要联络他们好了。千万不要打客户名单的主意。人性和诚信都是不能欺骗的。

话得说回来，一个雇主要控制你生命里所有事情，那就有点过份了。你的老板实际上是强迫你同意接受这一切——当他支付固定薪酬给你时，他可以一年 365 日，一星期 7 天，一天 24 小时地控制你。他们给你封顶，尽量差遣你，还要你签协议，你对此一切都毫无异议吗？当你被人利用耗尽和完全受人控制时，未来对你来说还具有什么意义呢？

疑问30：我不想在互联网上使用信用卡。

1. 以问题回应疑问：似乎对你来说安全问题是最重要的？

2. 简易的回答：我们的网站，具备有最先进的数据加密安全系统。同样的系统也广为银行和财务信托公司所采用，非常安全。

3. 深入的思考：担心这种问题的人，通常对信息科技的理解比较陌生。人们对于自己完全不熟悉的服务抱着犹豫态度是可以理解的。她需要知道在网上进行财务交易的时候，她的信贷和存款将不会受到威胁！

我们所采用的数据加密系统，运用了网上银行和财务信托公司所采用的同样系统。我曾经也有过同样担忧，后来发现：在网上做交易被骗的机会非常低。你在加油站内被店员窃取信用卡资料的机会，比你在互联网上成为受害者的机会更高！

虽然如此，你还有其它选择。对于在互联网上使用信用卡有怀疑的人，可选择以电话方式完成交易。电话订购服务是专为那些没有互联网的独立生意人而设的。

疑问31：我没有信用卡。

1. 以问题回应疑问：你对于拥有信用卡有什么看法？

2. 简易的回答：我们的供应商有几种不同的付款方式可供选择。我们会找出最适合你的方法。你可以选择使用支票、提款卡或者可以安排银行汇票。要建立你的生意，申请一张信用卡是值得的，这样会使交易更方便。从全世界范围来看，使用信用卡还是非常安全和方便的。

3. 深入的思考：这儿存在三个问题：第一，推荐对象可能对使用信用卡有一些原则性的想法，他可能对使用信用卡会引起负债存有担忧，我会尝试把恐惧消除。信用卡其实是一个有效的订购工具，它的目的不是为了申延信贷额。事实上，我提倡及时支付信用卡上的负债。从本质上讲，信用卡负债是使用者造成的，不是信用卡造成的。当我的生意伙伴使用信用卡在网站购物后，我总是让他们立即开一张支票缴款，不要留下负债，或者在网上银行转账支付该金额。实时缴款不会导致信用卡的不良利息增加。

第二，如果推荐对象从未申请过信用卡，他可以考虑申请一张专为做这个生意的信用卡，我建议你申请一个我们供应公司与visa合发的信用卡，用它支付网上或电话购物，并且可享有一些额外优惠。所有经这张信用卡支付的金额，都可以享有积分以及生意额。想象一下：购物积分是可以换取金钱的！

第三个问题，可能推荐对象因为缺乏信贷评级，或者评级不稳定而无法申请信用卡。遇到这情况，可以考虑几个做法。他们可用邮购方式订货并寄出支票；或者通过上级直系领导人安排一张银行汇票。或者可以申请开立一个银行支票账户和一张提款卡。每次交易款项可从该账户中扣除。

只需要知道这几种选择，你便有足够能力消除推荐对象在这方面的疑问。

疑问32：我不懂得如何跟人们打交道，也不懂向对方要求或销售东西。

1. 以问题回应疑问：我明白。这是你对这个生意的看法吗？

2. 简易的回答：我们生意的运作，主要是从自己的店铺购物，从购物的交易额上获得利润，然后，你再与其他人分享这个伟大的生意概念！不过，我们不想你在这个不太清晰的阶段时，便将这个概念和任何人分享。我们的广告以及筛选工具的目的，是协助你筛选出感兴趣的人。让这些工具为你工作吧。

3. 深入的思考：有这种疑问的推荐对象是害怕被人拒绝。要克服由别人的闲言碎语而产生的恐惧，我们应该先克服与人们的反应连接在一起的个人情绪变化。

有趣的是，我们也不擅长向对方要求一些东西！正因为如此，我们的生意系统才如此有效。我们的系统解决了"我们在卖东西"的印象——我们不是在卖东西！我们是和对方分享世界上最佳的生意理念！

这就是我们的推广资料——录音带、录像带、CD和介绍手册——的主要作用。我们不是在试图销售东西，我们只是要求一位明智的、有志向的人去了解这些信息而已。他们可以接受，也可以拒绝。我们主要靠系统来运作这个生意，而不是靠个人的能力。

再次向推荐对象保证，除了工具以外，她还有整个团队的支持。他们可以协助向她认识的人介绍这个理念，并示范给她看，如何最有效地传递讯息给其他人。

疑问33：每次认识新推荐对象时，我都要穿西装和系领带吗？

1. 以问题回应疑问：你现在上班的时候，需要穿西装和系领带吗？

2．简易的回答：你喜欢穿什么都可以，这是你的生意。可是我建议你的穿着与你的职业相配，和你的承诺程度相称。要让你的实际形象和你希望塑造的专业形象相一致。

3．深入的思考：你不应受到众多公司掀起的便服热的影响，不要放弃穿西装和系领带，专业衣着会在你的朋友面前显示你的承诺。很多研究报告指出，人们对于不同的衣着会有着不同的反应。

服装覆盖了你的身体高达90%的面积，对于你的可信任度、可靠性、专业程度、权威性、社会成就和商业地位等特质，它都具有很强烈的影响力！

《身体语言》的作者阿兰·皮斯对于服饰有这样的描述："有关正规生意服饰的秘诀，可以在下面这条问题的答案里找到，你的生意对象对你的衣着抱有怎么样的期望呢？如果你想表现出可信任、受人欢迎、具权威性、有知识、成功和平易近人等特征时，在他们的眼中你应如何选择衣着呢？你会选择什么西装、衬衣、上衣、领带、裙子、皮鞋、手表、化妆和发型呢？根据他们的意见——不是你的意见。”

疑问34：我是否一定要购买你借给我的录音带呢？

1．以问题回应疑问：你喜欢你正在听的录音带吗？

2．简易的回答：我愿意借录音带给你，让你慢慢理解这个生意。到了某个阶段，你会想拥有你自己的录音带图书馆，成立你个人的参考资料库。

3．深入的思考：这不一定是什么反对意见。推荐对象是在搜集更多信息，以便他们充分了解后作出一个明智的决定。大部分人都明白参加这个生意的费用，并不是操作这个生意的唯一开支。这位朋友想知道继续运作下去还需要什么成本。诚实是重要的。当我讲解计划时，我会提及参加费用和一些小金额的投资，用以购买你在这个生意起步所需的入门工具。

你已经购买了借给推荐对象的录音带，这些是建立生意的工具，是生意的必然部分。你的工具包含了录音带、书本、介绍手册等，它们会带领你的推荐对象走进这个培训系统。这些录音带、书本和聚会都是培训系统的组成部分，在今天的商业社会中，已被确认为获取知识、技巧及改进绩效的有效方法；不少教师、医生、机械师和其他专业人士都依赖培训和激励会议，去学习和掌握本行业的趋势，保持专注，以及不断更新他们的专业技能。为什么我们不这样做呢？

归根结底，推荐对象应该建立起他自己的信息和参考数据"图书馆"，不过，在推荐对象的生意起步阶段，你应该乐于把材料借给他。

假如你持续不断地允许人们从你那儿借用工具，你就是在扮演图书馆角色，阻碍了他们培养一个生意拥有人应有的思维。一个真正的生意拥有人不但拥有生意，同时也负担起建立生意的应有责任。我们需要强化他们的主人翁意识，因为这是他自己的生意，他不是为你打工。只要你还在借给人们录音带，这意味着仍然只有你在运作生意。

你要尽快告诉他们有关工具的重要性，而现场聚会会强调这点。新生意人会很快发现对培训系统有承诺的重要性——那就是阅读、听 CD 和参加会议。

疑问 35： 我每个月是否一定要购买 100 分的产品呢？

1．以问题回应疑问： 你希望每个月都拿到奖金吗？

2．简易的回答：当你成为一位独立生意人时，你已获得购买那些常用产品的优惠。你并没有每个月一定要购买任何购货额的限制，不过，当你和你的客户或优惠顾客一起购买100分的话，你就是在证实这个奖金计划的有效性，并因此而获得酬金。

3．深入的思考：有此疑问的人，可能对被迫购买不需要的产品而感到担心。要向她保证，我们的产品线是人们每一天都用得着的产品。这里不设每月最低购物额，这是她自己拥有的生意，她可以根据自己意愿来运作及购买任何款额的产品。

通过我们的供应商和联营购物网站，有超过5万种产品可供选购。我们专注于一些可提供最佳价值的可循环消耗性产品。当然，我们知道有50种她会每天使用的产品，所以我们说每月要有100分积分额。此外，"生产消费力"是这个生意成功的关键，但我们还知道还有一些可以购买作为商业用途的产品。

我们希望她改变购买习惯。她用不着改变所购买的东西，不过她可以采用不同的货源，通过不同的购买程序去进行购物。当她成为独立生意人，打算投资未来时，她就应该购买那些可以推动她财务成功的产品。

最重要的地方在于，这是一个自愿者的生意。你自己感觉买什么东西舒服就买什么东西吧。

疑问36：我经常在大型零售折扣店（Costco）购物，这个生意如何跟它们比较呢？

1．以问题回应疑问：大型零售折扣店有没有为购物者提供成为利润分成伙伴的机会？

2．简易的回答：要比较两家不同行业的公司十分困难。Costco从购物者赚取利润，而我们透过自己的购物活动赚取利润。

3．深入的思考：在商场上，你必须知道谁是你的竞争对手，例如，可口可乐对百事可乐；宝马汽车对奔驰汽车、家得宝（Home Depot）对劳伊（Lowe′s，家居装潢用品店）；麦当劳对温迪快餐店。很多商业机构不理解真正的竞争对手是谁，最终导致失败。相反地，懂得“知己知彼”道理的商家则得以兴旺。

你认为谁是我们的竞争对手呢？如果你的答案是沃尔玛、Costco、Target这些大型折扣购物店的话，那你就糟糕了！这些“大箱子”大折扣的百货商店只靠价格去竞争，它们的目标只是售出大量套取微利的产品。

不是所有生意都以低价作招徕的。便利店便是最好的例子。你有否比较过在两个地方的一加仑牛奶的价钱？便利店怎能定价这么高呢？答案很简单，便利店的客户群主要是想节省时间，不是节省金钱。店铺的设立使购物更为方便。正因如此，顾客所节省的时间将会被计算在产品的价格内。虽然便利店售卖高价格的产品，它们仍然能够做许多生意，因为便利店明白，他们不是和大型超级市场竞争价钱。

我们其实是一个建立生意建造者的生意。我们不与任何零售店铺或网站竞争。为什么呢？因为它们不能为购物者提供任何生意机会。我们的产品价格包含了一些其他任何人没法放进去的部份——我们把"机会"放进产品的价钱里。

大零售连锁店如Target、Costco、沃尔玛、电路城等，并不能提供生意机会于产品。世界上再没有其它店铺会在产品价格内提供同样的东西了！

疑问37：我觉得我做不到每个月都用100分的产品。

1. 以问题回应疑问：让我给你介绍一些对你使用100分产品最有帮助的产品，好吗？

2. 简易的回答：由于我们的产品线专注于易消耗和重复使用的家居日用品，只要你对这些产品多认识一点，我有信心可以让你改变你的购物习惯。

3. 深入的思考：我们面临着一个产品教育的课题。即使推荐对象可能明白我们的生意概念，她也不能真正明白它的潜力。在超过50,000种产品可供选择的情况下，每月要做到100分的产品使用量，不会有任何困难的。

起初，她会觉得使用100分产品是件艰难的事情，她需要其他人的支持来决定什么产品对她适合。鼓励她购买让她感觉舒服的购货额，然后继续教育她有关我们特有的品牌产品。我们有多个独立品牌，例如纽崔莱、海洋要素、磁力宝、雅姿和仙姬等。这些品牌可为独立生意人带来最好的利润，而这些产品线却绝非所谓“简易包装”或者“大折扣”的便宜代替品——它们是高质量、高价值和超越竞争对手的产品，获得无数科学研究所支持。现代人希望获得更加自然、更为创新、更加简单和更为耐用的产品。他们对于这些他们需要的产品可以送货到家感到兴趣。

随着产品知识的不断增加，她将不只是使用100分甚至更多的产品，而且她也会教授其他人做同样的事情。当要回应这个疑问时，我们可以给她保证，她能够发展出无限的客户及优惠顾客，他们甚至每月都能累积100分。很多生意团队，通过强调包括客户及优惠顾客的购货量，而复制“300分独立生意人”的概念。

疑问38：这些产品似乎有点昂贵。

1．以问题回应疑问：你在和什么产品作比较呢？

2．简易的回答：你将会在我们的产品线内找到很多具有竞争力的产品。没有一家店铺会以最便宜的价格售卖所有产品。在你开始这个生意的时候，让我们为你挑选几种对你最具价值的产品吧！

3. 深入的思考：我们不能期望推荐对象对我们的所有产品都能熟悉，不过我们可以协助他们做点研究，以便他们可以比较同类型的产品。我们可以强调那些产品的重要优势，包括：卓越的质量，具竞争力的价格，专利和超浓缩成分以及送货服务的方便。我们的产品也非常环保，符合现代社会的意识。你可以说："重要的不是这些产品的价格，而是产品的价值。它们是否值这些钱。"

还有产品的使用率，如果你充分使用这个产品，相对来讲，这个产品就比较值。

你可能会在比较远的市场购物以节省5美元，不过你得走进车里，开车到那个商店，然后购买。你的时间值多少钱呢？你的路费值多少钱呢？相同类型的东西才可以互相比较，这点十分重要。你不能拿产品目录销售和电子商务跟沃尔玛相比，这不是一个公平的比较。在大型零售店铺里，产品的价格也许较为便宜，但是有两样东西是你不能替代的：你的时间和奔波。无论你觉得在店铺里可以节省多少钱，你都不能取代送货到家的价值。你还会避免一些不可捉摸的事情的发生，如拖着你孩子穿过商店，交通堵塞，以及多花了钱买一些不必要的东西。

没有一家店铺会以最便宜的价格售卖所有产品。有些专门店经营单一产品线，如电子产品，可能会提供比我们供应商更优惠的价格。我们可以提供的是方便的购物经历，你可以获得高质量、有保证的产品送到你家里，然后赚取利润。请记住：这些产品更附有你的生意机会。从这点上看，产品的价格仅是次要的，这个生意机会才是最重要的！

第五部分 二十一个谈话要诀

CONFIDENT CONVERSATIONS

◎ 21个谈话要决

终于到了最后环节。现在，你已是一位当机立断、懂得说话技巧的独立生意人，已经昂首挺胸走在成功路上。这是你的推荐对象；这是你的生意；这是你的未来。

我不能预测你将会遇到的所有疑问，我也不可能给予你所有问题的正确回应。不过我可以给你下面21个谈话要诀，使你的谈话技术锦上添花，在你成功的路上给你指引。这21个谈话要诀其实都曾在本书中提及过，这里，我又从另外的角度给你加强，使之变成你固有的东西，使你的人际关系技巧彻底成熟。如果你运用得宜，你将会成为一个有逻辑和有力量的沟通者。

记住：我给你提供的生意技巧，不能保证你的人生一帆风顺，但它肯定能给你最好的人生装备。你的商业生涯、家庭生活、社交生活的质量，完全决定于你与人交谈的技巧，取决于你能够建立怎样的人际关系。但愿你能运用本书去改善你生活的各个方面，那才是最终的胜利，也是我写作本书的根本目的。

1．简易的回答便是最佳答案

一个简单、诚实、真诚的回答，是对问题本身以及提出疑问的人的一种尊重。

2．做“你自己”

运用一些让你感觉舒服的语句，表达真实的你自己。当你对回答问题的方式感到舒服时，他们会感受到你显示出来的信心。

3．在工作过程中享受乐趣

轻松一点吧！要时常面露笑容，或发出一点笑声。

专注于你的梦想和目标，但要紧记：成功是在于旅途，而不在于目的地。你要有取得成果的决心，但也要懂得在旅程中享受乐趣。美式足球明星祖·尼玛斯说："当你胜利时，你不会感觉任何痛楚。"另一位日本围棋高手说："赢了棋的人是不会感到疲倦的。"

4.不要带个人情感去回答疑问，要专业地处理问题

要记着，别人并不是为你做事，他们只是为自己做事。提出疑问的人不是在怀疑你的真诚、诚恳或承诺，他只是在尝试理解这个生意计划是否适合自己。如果你对他们的疑问有情绪反应的话，最好的情况是让对方感到疑惑，最坏的结果是导致对方不参与。

5. 控制你对疑问的情绪反应

"情绪智商"或情商，是管理和控制你的情感的能力。要抱着开放的态度去了解自己，你就会明白为什么自己会有某种反应，然后，你就可以克服让你有"战斗或逃避"反应的消极感觉。练习那些提问，选择那些你

可以记住、并能舒畅地发自内心地回应的方式。学习控制你的情绪反应。

6. 经常保持专业态度

你代表着整个机构、组织和公司，无论多么有冲动，都不要因为某个消极思想者的刺激而为自己辩护。客气地、专业地摆脱这样的境况，让自己专注于你的未来，为你的推荐对象和团队塑造一个专业的典范。

7. 不要完全否定推荐对象

也许你正好遇上这样的情况——你的推荐对象此刻可能并不是在寻找机会，特别是这个生意机会，千万不要否定他。我曾见过很多人回心转意，一段时间之后重新加入成为我们的团队成员。世事变幻莫测，推荐对象常常会记得和他最后分享这个生意的，他对这个生意的见解由此而确定。所以，要让他知道这个生意是一个绝佳的机会，也要让他觉得介绍这个计划的人是专业和真诚的。

8．永远有着推荐不完的对象

在这个生意里，我们并不是要寻找每一个人，不是要去对每个人说些什么。我们只是要找出渴望在人生路上获得成功的某几个人。你可以说一切正确的话、做一切正确的事情、采取一切正确的行动，然而你会发现，他们仍然不加入。同样地，你可以说一切错误的话、做一切错误的事情、采取一切错误的行动，然而他们居然会加入。道理是加入与否主要在他人，而不在于你。只要你持续不断与别人分享生意计划，就总会有人加入的，这就是“平均数法则”。

9．在你人生各方面运用这些沟通技巧

请记住：真正的成功应是全面的整体的成功。珍惜你在这个生意上培养的技能，并将这些技能运用在你生活的其它方面——用在工作、家庭、朋友和社交上，你在这几方面就能取得成就。你在所有这些方面取得的成功，反映了你在个人和专业方面的成长。

10．练习和经验是无可替代的

当你处理越来越多的新人或推荐对象所提出的疑问，你就越会成为充满信心的谈话专家。这本书可以用作你的参考或应用指南，归根结底，经验始终是最佳的教师。另外，除了真实的经历之外，你还可以和其他独立生意人相约，共同练习各种疑问和回应方法。我最喜欢的关于这一点的格言是："别人告诉我的话，我很快会忘记；别人示范给我看的东西，我可能会记得；让我尝试做的事情，我将会明白。"

11．以一个问题来回应另一个问题

出于惯性，一遇到人们问问题，我们只会回答，不懂得反问的妙处。不过，只有通过发问和聆听，我们才能够真正学习。所以反问是一种谈话技巧，要尝试训练你的大脑提出一些问题，比方说："你为什么会这样说呢？""还有其它的事吗？""你过去的经验是怎么样的呢？"

12. 你不会不劳而获

这个生意，你必须有付出才能有收获。有时候，人们把“活动量”和生产成效混为一谈了。请时常谨记这个非常具有威力的句子：“除非你确定下一次聚会，否则不会有任何事情发生。”就是这么简单。

13. 没有人要求你必须做某些事情

无论是供应商、你的生意团队或者是我，都不会要求你必须做某些事情。如果你是律师，想赚取一名律师的收入，你需要做些什么呢？首先是去法学院修读。这个生意也一样。你想有回报的话，就一定要做些事情，但没有人规定你一定要做什么。在这个生意上唯一要求你要做的事是，确定你想赚多少钱。

14. 我知道你的感受，当初我也有同感，不过后来发现……

要让对方觉得你认同他们的疑问和反对意见，这是回应他们的最有效的方式之一。

15．销售约会，不要销售生意

面对面地和你的推荐对象谈话是最好的方式。我从来不会建议在电话或电子邮件中讲解计划。当然，偶而为之未尝不可，不过当你这样做时，你便失去了绝大部分的非言词影响力！

16．每一个人都有时间做这个生意

请记住，每个人每天都同样有24小时。人们总是有时间去做他们认为是重要的事情，你的沟通技巧和信念将会影响到他们做事的优先顺序。我从来没有遇到宣称有时间做这个生意的人，不过，我却遇上一些人，他们把时间重新安排，让他们能抽出时间去建立这个值得做的生意。就这么简单。

17．五个P妙句的威力

预先（PRIOR）计划（PLANNING）防止（PREVENT）差劲的（POOR）成绩（PERFORMANCE）。

成功人物都活在这五个简单英文字组成的句子里。比如：他们总是有预见性，有计划，努力防止出现生意的滑坡，一切用成绩来说话。

18．邀请对方登记加入

引导人们和你成为生意伙伴。要主动邀请对方登记加入。"我认为你很棒！我会很乐意与你一起工作。我想帮你办理登记手续，加入这个生意。"记住：如果你不提出，对方几乎是不会加入的。

19．找出你的推荐对象的主要激励因素

看看你的对象究竟在乎什么：拥有更多时间、生活保障、个人成长、额外收入、财务自由、拥有自己生意、帮助别人、认识新朋友、受人尊重、接受褒奖、提早退

休或者建立资产，这都是合理的激励因素。

20. 你推广什么，人们就会查证什么

假如你推广电子商务或家居送货服务，你的推荐对象就会查证它；假如你推广他们的梦想或培训系统，你的推荐对象也会查证它。你去推广你希望你的推荐对象要查证的东西。

21. 按计划做事，持续向前

事情总是被忙碌的人做到的，人们想拥有他们不能拥有的东西。假如推荐对象觉得他是你的唯一人选，你就失去了任何优势。相反，假如你的推荐对象感到你正在培养一些人致富时，他们认为自己也有机会，就会变得更积极。

结束语

永远记住：你被设计出来就是为了成功，为了获得成就，为了散播伟大的种子的。记住，假如这个生意对你已经足够好，同样地对其他人也是如此。人们会因为能够与你和你的团队连接在一起而感到幸运。你要为自己拥有的生意感到自豪！要有信心！你会成功的！

我要强调的是：本书并不是仅仅为了营销生意而设计的。本书的沟通技巧和影响力技巧同样适用于工作和生活的方方面面。